高校英语教学策略创新与模式构建多维度研究

陈伟 著

图书在版编目（CIP）数据

高校英语教学策略创新与模式构建多维度研究／陈伟著. -- 长春：吉林出版集团股份有限公司，2022.10
ISBN 978-7-5731-2660-3

Ⅰ.①高… Ⅱ.①陈… Ⅲ.①英语-教学研究-高等学校 Ⅳ.①H319.3

中国版本图书馆 CIP 数据核字（2022）第 192897 号

GAOXIAO YINGYU JIAOXUE CELÜE CHUANGXIN YU MOSHI GOUJIAN DUOWEIDU YANJIU
高校英语教学策略创新与模式构建多维度研究

著：陈　伟
责任编辑：朱　玲
封面设计：雅硕图文
开　　本：720mm×1000mm　1/16
字　　数：160 千字
印　　张：8.5
版　　次：2022 年 10 月第 1 版
印　　次：2022 年 10 月第 1 次印刷

出　　版：吉林出版集团股份有限公司
发　　行：吉林出版集团外语教育有限公司
地　　址：长春市福祉大路 5788 号龙腾国际大厦 B 座 7 层
电　　话：总编办：0431-81629929
印　　刷：涿州汇美亿浓印刷有限公司

ISBN 978-7-5731-2660-3　　　定　价：52.00 元
版权所有　侵权必究　　举报电话：0431-81629929

前　言

多元化、全球化成为当今时代的主题。当今时代，是中国人民奋力实现中华民族伟大复兴中国梦的时代，也是我国日益走近世界舞台中央、不断为人类做出更大贡献的时代。在当今时代，我国与世界各国的合作与交流日益频繁，语言的工具性和载体性作用也越来越凸显。作为国际通用语言，英语已经渗透到人类生活的各个领域，在世界各国的交流、互动与交流中起着不可替代的作用。进入21世纪以来，我国面临着新的任务和使命，对英语人才也提出了更高的要求，需要一批高素质英语专业人才来担当中国走近世界舞台中央、融入世界体系与民族振兴的重任。高素质英语人才培养的途径多种多样，其中最直接、最有效的途径是英语教学。英语教学是以语言学、心理学、教育学、哲学为理论指导，以英语语言知识和应用技能为主要内容，以培养高素质人才为最终目标，集多种教学理念、教学策略、教学模式于一体的教学体系。英语教学不仅要服务国家战略，还要促进学生的个体发展，更需要培养更多高素质英语人才，以满足当今时代对英语人才的需要。

英语教学的影响因素很多，其中教学策略和教学模式是影响英语教学的重要因素。教学策略是英语教师为达到英语教学的目标而采取的相对系统的行为。教学策略的选择与运用是英语教学顺利开展的重要保证，是优化英语教学过程的重要手段，也是提升英语教学效果的重要途径。教学模式是指在教学理论指导下建立起来的较为稳定的教学活动程序。教学模式能反映教学思想和教学规律，是教师与学生交流与活动的指南，有利于教师明确教学活动中先做什么、后做什么等具体问题，有利于教师将抽象的理论转化为具体的操作性策略。当今时代给英语教学带来诸多机遇，同时也赋予英语教学新的任务和新的要求，传统的英语教学策略与模式已经不能适应当今时代的发展，也不能满足当今社会对人才的需求，因此，英语教育者必须与时俱进，抓住时代给教学带来的机遇，不断创新英语教学策略，积极探索英语教学模式，以促进英语教学的创新与持续发展。鉴于英语教学策略创新的迫切性及模式构建的重要性，笔者在总结前人研究成果及自身多年教学经验的基础上，系统梳理了英语教学策略与模式构建的相关知识，并编纂了此书，以期能够为英语教学策略与模式创新研究提供有益借鉴。

本书共分六章。第一章主要分析了英语教学的内涵、内容、影响因素与主要原则，并探讨了当代英语教学面临的机遇与挑战，为英语教学策略与模式构建研究奠定了基础。第二章到第三章主要从微课、慕课、移动教学三个维度系统论述了英语教学的策略创新，为英语教学策略创新扩宽了思路。第四章到第六章主要从英语生态化教学模式、英语翻转课堂教学模式、英语混合式教学模式三大方面具体论述了英语教学模式的构建，为英语教学模式的构建提供了多个维度，也在一定程度上拓宽了英语教学模式构建研究的思路。

笔者在写作过程中，查阅了很多国内外英语资料，吸收了很多与英语教学研究相关的最新研究成果，借鉴了大量学者的观点，在此表示感谢！由于教学策略的创新性及教学模式的多样性，再加上笔者能力有限，书中难免存在不足之处，请广大读者批评指正。

目 录

第一章 英语教学概述 ………………………………………… 1
第一节 英语教学的内涵与内容 ………………………………… 1
第二节 英语教学的影响因素与主要原则 ……………………… 3
第三节 当代英语教学面临的机遇与挑战 ……………………… 16

第二章 依托微课、慕课策略的英语教学创新 ……………… 20
第一节 微课与慕课概述 ………………………………………… 20
第二节 微课引领英语教学创新 ………………………………… 26
第三节 基于慕课的英语教学创新 ……………………………… 32

第三章 基于移动教学策略的英语教学创新 ………………… 41
第一节 微博与英语教学融合 …………………………………… 41
第二节 QQ与英语教学融合 …………………………………… 48
第三节 微信与英语教学融合 …………………………………… 53

第四章 英语生态化教学模式构建 …………………………… 61
第一节 英语生态化教学模式构建的理论基础 ………………… 61
第二节 英语生态课堂的结构、特征与功能 …………………… 66
第三节 信息化背景下英语课堂生态的失衡现象 ……………… 72
第四节 信息化背景下英语生态化教学模式的重构 …………… 75

第五章 英语翻转课堂教学模式构建 ………………………… 83
第一节 翻转课堂概述 …………………………………………… 83
第二节 英语翻转课堂的教学设计 ……………………………… 86
第三节 翻转课堂在英语教学中的具体应用 …………………… 90
第四节 英语翻转课堂教学模式的构建与实施策略 …………… 99

第六章　英语混合式教学模式构建…………………………………… 104
　第一节　混合式教学概述…………………………………………… 104
　第二节　混合式教学模式的设计…………………………………… 110
　第三节　英语混合式教学模式构建的意义与策略………………… 114
　第四节　混合式教学在英语教学中的典型应用…………………… 119
参考文献………………………………………………………………… 126

第一章 英语教学概述

我国英语教学一直是培养高素质英语人才的重要途径，几十年以来，已经为社会输送了大批综合型、实用型交际人才。进入21世纪以来，英语教学策略和教学模式都存在着很多的问题，这些问题阻碍着英语教学质量的进一步提升。因此，对教学策略和教学模式进行创新是当前英语教学必须重视的问题。本章主要对英语教学的内涵、内容、影响因素、主要原则进行了系统论述，同时还探讨了当代英语教学带来的机遇与挑战，为英语教学策略创新与模式构建提供了保障。

第一节 英语教学的内涵与内容

一、英语教学的内涵

于英语教学本身而言，其是教育活动的一种；从教师的角度来看，教学需要教师在教学活动中发挥引导作用；从学生的角度而言，教学是一种学习活动。教学的最终目的就是为了让学生在教学中实现自身的成长与发展。除此之外，师生互动也是教学中一个必要的环节，教师教授学生知识，学生在教师的指导下学习，双方之间通过交流与沟通才能共同完成教学任务。对于英语教学的内涵一般可以从以下几个方面进行解读。

第一，作为一种教育活动，英语教学有一定的目的性，教学目标的制定需要根据不同阶段的教学要求来决定，同时还要依据教材的内容来设定。教学目标还可以划分为不同的层次。

第二，英语教学是系统化的教育活动，计划性是其表现出的另一特性。通常情况下，教学计划需要学校、教育部门以及教学工作者来完成。

第三，英语教学的内容是具体的，它不但传递知识，还教授技能。英语教学并非是一种简单的教学活动，需要借助一定的方法与技巧，教学过程中会积累许多的教学方法，同时也会借助一些技术来辅助教学，现代教育技术就为英语教学发展提供了许多助力。

根据上面的总结可以看出，英语教学是以计划性和系统性为特性的教学活动，它需要有内容依据，并且要明确教学的目的，还需要凭借先进的教学技术与教学方法。英语教学也是教师引导学生认识世界、学习和掌握知识与技能，进而使其得到全面发展的活动。

二、英语教学的内容

教学内容的制定是为了完成教学目标，教学内容涵盖多个方面，常见的有知识、思想、观点、概念等等。学生的学习正是通过掌握教学内容来完成的，教师知识的传递与学生知识的接收都要依据教学内容来实现。以下是对英语教学内容所做的归纳。

一是语言知识。综合英语运用能力的获得就需要凭借语言知识，学习与运用语言都需要以语言知识为基础。要想养成良好的语言能力，就必须加强语言知识的学习。

二是语言技能。语言技能是学生学习与运用语言所必备的技能之一，基本的语言技能就是包括听、说、读、写，学生要提升语言运用能力，就必须掌握这四项基本技能。英语教学中，训练听、说、读、写是教学中不可忽视的重要环节，学生在提升语言技能的过程中，就可以深入地体会与感知语言，从而为英语学习奠定坚实的基础。

三是学习策略。学习策略是为学生有效学习而服务的，包括帮助学生提升学习效率的各种行动与步骤。英语教学中，学习策略有很多种，常见的有认知、调控以及交际策略，对学生的英语学习都有积极的推动作用。教学实践中，学习策略具有很大的教学优势，一方面，正确的学习策略可以帮助学生更好地理解与获取知识，提升学习的效率；另一方面，运用恰当的学习策略也可以帮助学生养成自主学习与独立探究的习惯。在英语学习策略的指导下，学生能够掌握正确的学习方法，从容应对学习中遇到的困难，以提升学习的实际效果。与此同时，教师还要引导学生制定符合个人学习状况的学习策略，这样学习的自主性就会更强，可以对学习效果进行及时调控，从而进一步提升学习的有效性。学生在学习中还要加强交流，观察他人的学习策略是否有值得借鉴的地方，进而完善自身的学习策略。

四是文化意识。学习英语，就难免要接触和了解英语文化。学生只有充分了解了英语文化背景，才会更懂得如何去学习与运用英语。对语言文化背景的了解，一是有助于学生提高文化意识与文化素养，二是也能够扩展学生的视野，三是也能够让学生在比较之下，深入感知本国文化。因此，教师在组织英语教学时，应注重在教学中融入文化意识，在掌握学生个性与心理特征的前提下，进行文化知识的渗透，从而帮助学生培养优秀的文化意识，提升英语教学水平与质量。除此之外，教师要在教学中引导学生继承与发展中国优秀传统文化，使学生担当起将中国优秀传统文化发扬光大的历史使命与责任。

第二节　英语教学的影响因素与主要原则

一、英语教学的影响因素

（一）教师因素

很显然，在英语教学中，教师担当着十分重要的角色，其对英语教学有很大的影响。英语教师在英语教学中扮演着引导者与掌控者的角色。作为英语教师，在英语发音上必须要纯正，如果教师在发音上有所不足，就需要先采取一定的方法与手段纠正自己的发音，以保证课堂教学时发音的准确性。在英语课堂教学中，教师也不能一味地只传授课本固定的知识，还要对讲解的内容做一些详尽的解释，以方便学生对所学知识的理解，对于教学的重难点可以花多一点时间以保证教学的实效性。一般而言，教师讲解会在课堂教学中占据大量的时间，虽说这为学生学习语言提供了指导，但是也占用了学生一部分的练习时间。因此，教师教学要避免模式化，要时不时地转变教学的形式，避免教学枯燥，增强教学的趣味性。教学水平优秀的教师一定具备良好的应变能力，对于教学中的突发状况，能够迅速冷静下来，理智地进行思考并有序地处理与解决问题，这样教学活动才能顺利进行。除此之外，课堂教学中，教师提问方式也要随时调整。借助提问可以帮助学生集中注意力，提升学生学习兴趣，学生求知欲提高了，才会主动思考，从而提升课堂教学的效果。

在语言运用方面，选取恰当的方式尤为关键，教师的语言得当就可以加深学生对知识的理解。英语教学的效果如何需要通过学生的学习状况加以反馈，而教师作为教学的指导者，也要对学生的学习情况进行及时反馈。

（二）学生因素

1. 语言学习观念

语言学习观念指的是学生对语言学习的看法和观点。语言学习观念可以从不同的视角进行理解，其特点具体如下。

（1）稳定性。语言学习观念是学生知识储备体系中的一个重要组成部分。

（2）可描述性。学生可以借助于提示或者回忆对自己的语言学习观念进行描述。

（3）易错性。学生的学习观念都是在各种情况下产生的，并非都是正确的。

（4）交互性。学习观念对学习中的很多因素都会产生深远影响，学生学习策略和学习方法的选择都会受其影响。

学习观念是影响学生学习的最重要的内在因素之一，通过对大量英语教学实践研究表明，成功的语言学生对于自己的学习策略和学习方法的选择、自身的知识水平等都有深刻的认识，因此能够针对不同的语言学习任务选择合适的语言学习方法和策略，以便于快速高效地完成任务。不成功的学生则对于任务的完成抱有一种消极的心态，这样也不利于其学习策略的选择和任务的完成。

2. 学习潜能

从认知层面来看，学习潜能倾向于是一种能力。潜能是一种潜在的能力，有时候也可以看成是一种天赋。学生综合能力一旦提升，其英语素质也就有所提升。教学中，可以借助教学潜能测试学生的英语水平。学习潜能基本上有四个方面的内容。一是是否具备语言编码与语音解码能力，二是是否能够对语言学习进行归纳总结，三是是否具备学习语法的敏感性，四是是否可以联想记忆知识点。

以上四种能力中，第一种能力对应的是语言输入与输出能力，第二种能力主要考查学生是否能够有效地利用资料来完成语言学习，第三种能力是考查学生是否有推断能力，第四种能力是看学生能否有效吸收与内化新知识。

这里需要明确的是，每个学生的基本情况不同，所以学习潜能也不同。因此，教师教学中要考虑到学生的学习情况，有针对性地制定教学方案，在提升自身教学水平的同时，保证学生能够收获知识与技能。

3. 智力水平

智力同样属于认知领域的概念。智力有一定的综合性，其是好几种能力的综合，包括观察、逻辑思维、想象、记忆等能力。培育智力，对于学生学习语言、培养抽象思维以及提升解决问题的能力有极大的促进作用。智力水平是对学生智力的一种评判，英语教学中同样要关注学生的智力水平。

英语教师在了解并把握学生智力水平的前提下，可以更好地指导学生学习，教师可以借助教学手段为学生传授学习的技巧与方法。而学生对于自己的智力水平也应该有一个清晰的认知，这样在选择学习方法时就会得心应手，真正学习起来也会游刃有余。

4. 学习动机

学习动机可以看作是一种心理状态，借助学习动机可以对学生产生激励作用，学生在这种激励下就能够去朝着目标做进一步的努力。英语教学中，学习动机能够帮助学生形成自主学习的习惯，为提升自身的英语水平而不断学习。

学生学习动机强烈与否对其学习的积极性有很大的影响。假设一位学生有比较强烈的学习动机，那么他学习的主动性与积极性也会相应很强，相反，学习的积极性就会很低。因此，保证学生有很强的学习动机，可以提升学习的效率与效果。在英语学习中，学习动机所发挥的作用十分关键。

5. 性格

性格属于一种心理特征，包括人的现实态度及行为方式，性格一般具有一定的稳定性，但是也很有可能随着环境的变化发生改变。性格作为一种情感因素在学生学习中发挥的作用同样是不容小觑的。性格有内向与外向之分。一般情况下，性格外向的学生交际能力较强，比较适合英语学习的交流活动，他们能够通过活动获取更多的学习机会；而性格内向的学生在学术型学习方面更具优势，因为性格沉稳所以比较适合进行英语阅读与写作方面的学习。从教师的角度来看，教学中掌握学生的性格差异是十分必要的，这样就可以更加针对性地制定教学计划，按照学生的性格优势进行教学，以提升教学效果。

6. 态度

态度对于学习效果也会产生重要的影响，所谓态度是人们为实现目标所做的努力，当然，也可以看作是一种心理倾向，这种心理倾向具备一定的稳定性。学习态度包含很多方面，即情感、认知以及意动。情感成分以好恶为标准，认知成分可看作是一种信念，而意动是为了完成目的的意向或者实际行动。一般而言，要保证语言学习的效果，必须先认可语言背后的文化，对其文化背景有向往之情，才能更好地深入学习语言。如果学生对所学语言的对应文化有厌恶情感，那么学习效果就会大打折扣。另外，影响学生语言学习效果的因素还有很多，例如学生是否认可教学活动的组织形式以及教师的教学态度等都会对学生学习的成效产生一定的影响。

（三）教学媒体因素

随着中国综合国力的不断增强，中国与世界各国的合作也日益密切，社会对人才的知识、能力、素质的要求不断快速更新，尤其是对人才的英语能力要求不断提高。随着科技的发展，尤其是信息技术和数字化声像技术的发展，多媒体应运而生。网络教学、多媒体教学等成为新的英语教学形式。远程网上教育、虚拟大学、虚拟图书馆如雨后春笋般涌现，层出不穷，借助互联网技术，设立的英语教学组织也越来越多，信息化时代的英语教学效率获得了明显地提升，一些网络英语教学平台在英语教学中占据的地位也愈发重要。

借助网络进行英语教学极大地推动了个性化教学的发展。网络有极大的便利性，教师可以利用网络发布学习任务，学生只需要通过网络就可以完成学习及评价的整个过程；网络还有丰富的活动，学生在上面与同学与老师进行交流互动，提升学习的积极性。除此之外，多媒体融入英语教学之后，可以打破原有的教学结构，让学生有一个真实的英语学习环境，从而形成良好的学习氛围，提升英语教学的质量与效果。多媒体课件克服了传统教材的静态性特点，以其动态化的特征，可以形成更好的教学呈现方式，从而与学生实现交流与互动。学生可以模拟对话，也能听到英语的地道发音，从而有利于学生理解、吸收与模仿所接触的语言，对培养学生的学习兴趣和提高英语素质都具有积极的作用。

（四）教学方法因素

在英语教学中，有很多教学方法都发挥着重要的作用，教学方法的运用对于英语教学发展有极大的促进作用。常见的英语教学方法有翻译法、认知法、交际法等等。然而，教学实践中，没有一种教学方法是能够一劳永逸的。教师如果长期都只选用一种教学方法，那么学生在学习时就会产生倦怠感，不愿意投入学习。因此，英语教学中，必须根据不同阶段与教学目标选取不一样的教学方法，将各种教学方法有机结合，才能真正提升英语教学的实际水平。

学生学习语言的最终目的就是为了交际，因此，教学中教师必须以此为目标开展教学，教学方法要同日常生活相联系，让学生在现实生活中灵活地运用所学知识与技能完成日常交际，以此提升学生的语言运用能力与交际水平。英语教师要注重教学的交际性，从真实交际中摘取一些合适的内容作为教学的内容，依据学生的年龄与学习阶段选择恰当的教学材料与方法。

(五) 教学环境因素

教学环境有一定的复杂性，其内含的要素十分丰富。教学环境有广义与狭义之分，从广义的角度而言，教学环境发生在学校内，是学校组织教学活动时所具备的条件，可以是物理的，也可以是心理的。从狭义的角度而言，教学环境集中于班级中，是班级所提供的影响教学的条件，可以是班级的规模、气氛，可以是师生关系或者座位的排布等等。下面对教学环境要素总结如下：

1. 社会环境

社会环境包含的范围比较大，可以是经济、科技、文化等等层面对英语学习产生的态度或者是英语的社会需求度。在英语教学发展中，社会因素是不可忽视的一项重要因素。制定教学计划以及设置课程标准都需要根据社会需求度来完成。英语教学发展需要社会的支持，社会可以为英语教学发展提供一定的指引。

2. 学校环境

学校是学生学习的主要场所，英语教学的发展，学校环境的好坏对其有直接的影响，是影响英语教学最为重要的因素。学校环境所涵盖的内容是多方面的，除了课堂教学以外，教学班级的规模、教学设施的好坏、教师教学的水平都包含其中。

3. 个人环境

个人环境也是学生学习不可忽视的一项因素。所谓个人环境可以指学生的家庭、同伴的社会地位或者生活与物质文化水平等等，还包括支持学生学习的经济状况以及学习设备。总之，个人环境有软硬件设施，都对学生的学习产生一定的影响。

二、英语教学的主要原则

(一) 主体性原则

1. 教材分析要以学生为中心

主体性原则的表现之一就是要以学生为中心做好对教材的分析。首先，英语教师要熟悉教学的相关内容，在了解学生学习状况及学习水平的基础上，对教学目标以及方案做及时调整；其次，教师还要充分了解学生的个性与心理特征，根据教学的实际需要，做好学生学习与教材选择的最好衔接，这样才能保证教学的实效性，对于提升学生的知识与能力发挥着关键性的作用。

2. 教学方法和手段的选择要以学生为中心

英语教师选择教学方法与手段，同样要遵循学生为中心的原则。英语教学中，多元化的教学手段与方法可以切实提高英语教学的实际效果。例如，教学中，直观教学法的使用可以使学生更加直观地去加深对语言的了解，提升学生学习兴趣的同时，还能够强化学生对英语知识点的记忆。另外，还可以借助形象化的教学手段，利用学生的直觉思维，以多样的内容呈现方式增强学生学习的好奇心，提升学生主动参与学习的主动性，从而满足他们的求知欲，提升课堂教学的效果。

3. 教学活动的设计与组织要以学生为中心

学生是教学活动面向的重点对象，因此，设计与组织教学活动就必须在充分了解学生基本学习状况的前提下进行。教师应当考虑的方面包括学生的认知水平与知识结构、学生的学习动机以及兴趣点、学生的个性差异等等。只有把握好这些方面，才能制定明确的教学目标，才能选择适合的教学内容与教学形式，从而保证教学任务的圆满完成。

（二）综合性原则

1. 整句教学与单项训练相结合

英语教学的落脚点还在于提升学生的语言运用能力，所以教学中还是要关注语言的连贯性，以此保证交际的顺畅。这就需要借助整句教学的训练方式来锻炼学生的语感与语用能力。但还需注意的是，训练整句要由易到难，从简单句子入手，逐步过渡到难度较大的句子，要提升教学的效果最好是将整句教学与单项训练结合进行。

2. 进行综合训练

语言学习的过程应当是完整的，需要经过听、说、读、写这四个阶段，所以训练有一定的综合性。综合训练意味着要同时培养听、说、读、写这四项基本技能，帮助学生完成多种感官的训练，以保证学习任务完成的有效性。

3. 进行对比教学

对比教学产生的基础源于英汉这两种语言存在的差异性。对比教学可以使学生了解到英汉语言的区别，在对比中掌握英语语言使用的要点，同时也可以加深对本国文化的认知。借助对比教学，更能提升英语教学的整体效果。

（三）系统性原则

系统性原则面向的是英语教学的整个过程。任何一种语言的学习都不是一朝一夕的事情，需要逐步深入，学习英语同样如此。要将整个教学过程看成是一个系统，以系统性的原则深入教学的各个环节，从而保证学生能够在条理清晰的教学中获得知识与技能的提升。英语教学遵循系统性原则主要包含以下几个方面。

1. 系统安排教学的内容

教学内容的系统性要求安排教学内容要制定周密的计划，必须要遵循一定的顺序保证内容安排的合理性。例如，在英语教学中，教师既要了解教材内容，又要考虑班级整个的教学情况，在此基础上合理制定教学方案。教师在讲解一个知识点时，不要一股脑儿地将知识全部灌输给学生，而应当以分步骤教学的方式逐步向学生传授知识。这样既能保证教学的系统性，又能帮助学生更好地掌握知识。系统安排教学内容可以保证教学效果获得有效提升。

2. 系统安排学生的学习

系统性还表现在对学生学习的安排上。教师作为教学的指导者，要保证学生持续、不间断的学习。一是教师要有耐心地指导学生，要帮助学生及时在课后巩固复习。二是教师要引导学生注重平时的学习与训练，尽量不要临时抱佛脚，平时要刻苦学习，临近考试要有重点的复习。三是教师要了解学生的心理与个性，以针对性地制定教学方案，保证每个学生都能够被照顾到。

（四）多样性原则

英语教学的特点之一就是多样性。多样性教学有利于唤起学生学习英语的兴趣，能够有效提高学生的英语能力。因此，教师要根据实际情况，全方位对学生开展多样性教育。英语教学原则的多样性主要包括如下内容：

（1）教学方法多样性：开放式、开发式、参与式、交流式、借助式、迁移式和启发式等。

（2）组织形式多样性：全班式、分组式等。

（3）授课内容多样性：随教学进度变换不同内容，以专项为主，穿插不同类别的内容。

（4）教学手段多样化：采用幻灯、投影仪、简笔画、实物、图片、录音、录像，配上教师的肢体语言等。

（5）课堂环节多样性：组织教学、复习检查、讲解新课等。

（6）评价方式多样性：设立英语学习进步奖、超越奖、克服困难奖、完成作业优秀奖、听说读写单项奖等，学生进行自评、互评和集体投票等。

（五）交际性原则

在交际中人们会运用到语言，语言教学不能脱离交际这一原则。英语教学也应遵循这一原则。

英语是一种交际工具，英语教师也应该关注英语的工具性，帮助学生认识到英语在交际中发挥的工具性作用，从而使得学生关注语言交际，提升课堂教学的交际化。教师在课堂教学中，除了要为学生讲解语言的基础知识，还要为学生创设真实的语言交流环境，这样学生就能真正地感受到实际交际中应当如何应用英语。与此同时，教师要多鼓励学生抓住机会、反复练习，从而提升其真实交际中的语言应用能力。

此外，英语教师应当多为学生创设可以进行语言交际的机会，让学生在真实的情境中完成交流与互动，这样能够提升其语言运用的实际效果。教师在课堂教学之后，还要为学生答疑解惑，对学生提出的问题做好及时反馈，学生完全投入道英语学习环境中，这样就能不知不觉地受到环境的熏陶，自觉利用英语进行交际，从而不断提升学生的交际能力。

（六）真实性原则

1. 教学内容的真实性

教学内容作为英语教学必不可少的一部分，其涵盖内容十分广泛。保证教学材料的真实性，学生就可以在教学活动中感受语言的魅力，更加深入地了解与感知语言，学生对于目的语文化背景加深了解，在交际活动中就会更加游刃有余。语言交际所运用的材料应当源自现实生活。这就要求教师认真仔细分析英语教学中所用到的材料。具体而言，一是要对课文的结构进行分析，二是对句子的语用含义进行解读，体会语句中蕴含的真实情感，从而保证课堂教学中能够合理运用教学的示例以及课外练习。

2. 课堂教学活动设计与组织的真实性

活动设计与组织是影响英语教学有序开展的重要因素。只有真实性的活动设计与组织才能促进英语教学效果的提高。因此，在设计与组合教学活动时，教师必须要保证活动的真实有效。课堂教学活动的设计要与培养语用能力相联系，英语教学的一个重点就是培养学生的语用能力，语言学习的训练中就包含很多语用能力培养的内容。英语教师在设计教学活动和组织时应该遵循语用真实的原则。同时，还应该对教学内容进行真实语义的解读，并且为学生创设真实的语用环境，帮助学生提升交际能力。

3. 语言学习环境的真实性

在我国，学生缺乏真实的语言环境。我国的英语教学主要集中在课堂上完成，借助课堂教学同样能够培养高素质的英语人才。从教学环境上来看，课堂教学在教室里进行，而教室就是一个真实的交流场所，可以为学生创设一个良好的学习氛围。要借助教室这一真实的教学环境提升教学效果，就要求英语教师要利用好课堂教学，以学生为中心，关注学生的日常学习生活，组织各种各样的教学活动激发学生学习的兴趣。课堂教学不能只一味地是教师传授知识，而应当加强师生之间的交流与互动，为学生的语言学习创造和谐、友好的真实环境。

4. 教学检查评估方案的真实性

评估方案是针对英语教学而制定和设计的方案，对教师调整教学进度、改变教学方式、组织教学内容等都有着不可替代的作用。因此，教师要保证教学检查评估方案的真实性，只有真实性的评估方案才能促进教学改革和完善。

(七) 情感性原则

无论哪种教学形式，都需要教师和学生融入情感。情感体验对英语教学的促进作用是不能忽视的。因此，教师要在实际的英语教学中遵循情感性原则，具体可以从以下两个方面入手。

1. 营造轻松愉悦的教学环境

第一，注重良好师生关系的形成。

实际上，教师与学生最好的关系应该是亦师亦友的关系。教师要注重良好师生关系的建立。如果师生关系不融洽，就会影响教师和学生的情感表达。因此，教师应该时刻关注学生的学习动态，及时发现学生在学习中遇到的困难，并引导和帮助学生克服困难，从而不断增强学生学习英语的自信心。同时，教师还应该多关注学生的生活，了解学生的真实生活，并为学生提供一些帮助。

第二，注重学生学习动机的激发。

如果学生缺乏学习动机，就很难对英语学习产生兴趣。可见，学习动机，是影响英语教学和英语学习的重要因素。教师在实际的教学过程中，应该借助多种手段激发学生的学习动机。只有在学习动机的影响下，学生才能投入情感，认真学习英语。

2. 培养学生积极的情感态度

学生的情感态度对情感性原则的实施至关重要。因此，教师要注重对学生情感态度的培养。

第一，注重学习内容的针对性。

学习内容是影响学生情感培养的重要因素。如果学习内容缺乏针对性，就很难培养学生的情感。因此，教师要根据学生的学习表现以及学生的学习现状，为学生提供针对性的学习内容，并对这些内容进行分析，从而使学生对这些学习内容感兴趣，进而树立积极的情感态度。

第二，注重情感态度沟通渠道的建立。

情感态度的培养离不开沟通这一手段。沟通的渠道有很多，教师要结合学生的实际学习，建立多种沟通渠道，并鼓励学生积极参与到沟通中。例如，教师可以为学生营造良好的课堂氛围，鼓励学生表达自己的情感，积极与教师、同学沟通、交流。此外，教师还可以积极与学生进行交流，了解学生的情感诉求，并为学生表达情感、沟通交流提供多种平台。

（八）兴趣性原则

无论学习什么知识，或接受什么事物，都应该充满兴趣。这是学习知识和接受事物的前提。具体到英语教学中，学生兴趣的激发也是教师应该重视的问题。兴趣性原则的重要性不断凸显。

其一，教师要以学生为中心，了解学生的实际情况、学习需求以及学生的个性。在了解这些的基础上，坚持以学生为中心，选择贴近学生生活的英语题材，选择符合学生实际水平的英语内容，选择学生感兴趣的英语话题，并鼓励学生积极讨论，积极发表自己的看法和观点，引导学生不断参加自己感兴趣的英语活动，从而使学生在快乐中学习。除此之外，教师切不可忽略了学生的身心发展，在注重趣味性的基础上，注重学生的实践练习和亲身体验。需要指出的是，这些实践和体验也要以兴趣为主，只有这样，才能收到事半功倍的效果。

其二，摒弃传统的英语测试方式并转变机械操练、强调死记硬背的教学方式。机械操练活动要适量，一方面，英语学习需要机械操练和死记硬背的活动，另一方面，过多的机械性操练会使学生对英语学习产生厌倦心理。由此可见，兴趣性原则在英语教学中发挥着不可替代的作用。教师在实际英语教学中切不可只顾教学目标的实现，而忽略兴趣性原则。

其三，对英语教材中的重点、难点进行仔细研究和深入挖掘。只有在仔细挖掘和研究英语教材的基础上，教师才能全面了解教材中的重点、难点和兴趣点，并运用多元化的教学方式将英语教材中的重点、难点、兴趣点科学地体现出来，从而使学生对英语学习产生兴趣，进而提高英语学习效率。

（九）循序渐进原则

任何事物的发展都不是朝夕之事，而是需要循序渐进的发展。英语教学也不例外。英语教师要由浅入深的讲解知识，学生要从外到内的学习知识，并逐渐将其内化。这些都体现了循序渐进原则的重要性。

1. 要完成由口语到书面语的有效过渡

在刚开始学习的过程中，语言都是以口语的形式出现的。待到口语发展到一定程度，口语就会发展成书面语。英语在发展的过程中也是经历了从口语到书面语的过程。基于此，英语教师应该先注重口语的练习，在学生熟练掌握了口语之后，再进行书面语教学。

2. 要完成技能间的过渡，即由听、说过渡到读、写

众所周知，听力、口语、阅读、写作属于英语教学范畴。要想实现阅读与写作教学的顺利开展，就必须注重英语听力、口语教学。也就是说，教师不应该在没有进行任何听力和口语教学的前提下就进行英语阅读与写作教学，而应该在听力与口语教学的基础上再开展英语阅读与写作教学。总之，在英语教学中，教师应该把握好英语技能教学的内容，明确每个技能教学的本质，并坚持循序渐进的原则，从而最大限度地提高学生的语言技能。

3. 对英语知识的学习和能力的提高要循序渐进

众所周知，中国学生在学习英语的过程中缺乏英语学习的环境，这在一定程度上增加了学生学习英语的困难。这就要求英语教师在讲解英语知识时应该由浅入深、循序渐进，注重英语前后知识之间的联系。同时，英语教师在课堂教学导入时，应该注重复习式导入，也就是将新旧知识相结合，从而在巩固旧知识的基础上学习新知识。

除此之外，学生英语能力以及交际能力的提升也是一个循序渐进的过程。这就要求教师结合学生的需求，创设良好的英语学习环境，并鼓励和引导学生多参加一些英文朗诵、英文辩论赛、英语演讲等活动，从而帮助学生循序渐进的提升各项能力。

(十) 灵活性原则

一成不变的教学不利于教学目标的实现。只有将灵活性原则融入教学中，才能促进教学质量的提升。英语教学中教师也应该遵循灵活性原则。

1. 教学方法要灵活

在英语教学中，教师不仅要讲授学生语言知识，还要讲授学生语言技能。语言知识，包括很多的内容，例如对词汇、语法、句式等。语言技能主要指的是听、说、读、写、译。如果采用一成不变的教学方法，就不利于学生学习这些英语语言知识和技能，只有采用灵活的教学方法，才能将这些语言知识讲透彻，才能将这些语言技能讲明白。

此外，每个学生在学习习惯、学习方法、学习思维等方面都存在着差异。如果教师采用同样的教学方法，这对学生的学习以及能力的提升是不利的。因此，教师也应该注重教学方法的灵活性。教师要结合学生的学习、心理、特长等，设计与组织各种类型的教学活动，不断创新教学方法，鼓励学生参与进

去，从而不断学习语言知识和提高语言技能。

2. 学习方法要灵活

在传统学习中，学生往往采用机械性的方法来完成知识的记忆，这种方法耗费时间，而且不会记忆太久。要想改变这种状况，英语教师就应当引导学生去探索更加灵活的学习方法，要依据语言学习的规律并结合学生的自身情况，选择符合自身发展的学习模式，这样才能更加有效地学习。

（十一）开放性原则

英语教学的发展离不开诸多教学活动的支持。这些教学活动不应该是封闭的，而是应该是开放的。只有开放性的教学活动，才能调动学生学习英语的积极性。这就要求英语教师要树立开放的思想，融入开放的理念，遵循开放性原则，融入多种教学方法、教学手段和教学活动，从而真正促进英语教学效果的提高。

具体而言，教师在教学设计时不能故步自封，要结合当今时代融入一些开放性内容，保证教学内容的与时俱进性。还应该结合这些内容，根据学生的学习状况，设计一些开放性、创造性、启发性的问题，并鼓励学生积极思考，积极探讨，共同解决问题。同时，教师要改变传统的教学方式，采用多种教学形式，例如，创设对话情形、组织游戏活动、举办演讲活动等，使更多的开放性活动融入英语教学中。此外，教师还应该注重第二课堂的开设。教师可以通过专家讲座来拓展英语教学的内容，从而使英语教学的内容更具开放性。

（十二）输入优先原则

任何语言都讲究输入和输出。如果没有输入，就不可能学到语言知识；如果没有输出，就不可能提升语言技能。通常情况下，学生获得语言输入的方式是听力和阅读；学生进行语言输出的方式是口语和写作。语言的输入与输出并不是孤立存在的，而是相互影响、相辅相成的。语言的输入是语言输出的基础，只有保障输入的数量和质量，才能更好地语言输出。可见，语言输入的作用是不容小觑的，它在很大程度上影响着语言的输出。这就要求英语教师要遵循输入优先的原则。

第一，保证采取多种输入形式，融入多种输入内容。

在日常的英语教学中，语言输入的方式是多样化的，语言输入的内容涉及也比较广泛。文本信息、图片信息、音频信息、视频信息、多媒体网络等都可以作为语言输入的方式，教师可以根据教学需要和学生的实际学习情况，选择多种输入方式。另外，语言输入的内容也要保证多样化，切不可陈旧、单一，这样会限制学生的思维，对学生的英语学习也会产生消极的影响。

第二，采用多种途径增加可理解性语言输入。

语言输入的可理解性，强调的是输入的内容能够被学生所理解。如果缺乏可理解性，学生就很难理解这些知识，这样就会降低学生学习的兴趣。因此，教师在具体的英语教学中，应该注重语言输入的可理解性。具体而言，教师应该根据英语教学目标以及学生的学习状况，选择一些与学生生活紧密相关又与时俱进的英语材料。同时，教师可以进行针对性教学，将可理解性输入贯彻到英语教学的始终，这样可以将学生的学习动机激发出来，使学生能够全面、透彻地理解英语知识。

第三，为学生提供适合的语言材料。

语言材料是影响学生学习兴趣的重要因素。教师在给学生提供语言材料时，切不可忽略学生的实际学习水平。语言材料高于或低于学生的现有英语学习水平，都不利于学生英语能力的提高。因此，教师要保证语言材料输入的契合性、准确性、灵活性，使其能够与当前学生的英语水平相适应。同时，教师在学生进行语言材料的输入后，切不可盲目地要求学生进行语言的输出，因为语言的输入也需要一个理解的过程，如果在学生还未理解的情况下就盲目地让学生输出，这就很容易打击学生学习英语的积极性。另外，教师在选择语言输入材料时，还要注意语言输入材料的趣味性。只有趣味性的材料才能将学生的兴趣激发出来，使学生积极主动地学习和探索。

第四，注重学生语言模仿的引导。

语言模仿离不开扎实的语言输入，也离不开真实的语言情境。因此，英语教师在实施输入原则的基础上，为学生提供多种语言模仿的机会。语言模仿，实际上，就是采用不同的形式将输入的语言进行输出的过程。这就要求教师创设各种不同的真实语言情境，并引导学生将输入的语言进行内化，并结合具体的情境准确地输出语言，从而完成语言的模仿。

(十三) 可持续发展的原则

学生在完成基础阶段的英语学习之后，还应该继续向更高阶段的英语学习发展。这就要求教师要遵循可持续发展原则。

无论学习哪一方面的知识，如果学生学习之后不注重复习，就会将其遗忘。所以，学生必须在学习新知识的过程中复习和巩固已学知识。知识前后的正迁移，是复习和巩固知识的最有效手段，也是实施可持续发展原则的重要途径。因此，教师做好这一正迁移工作，并鼓励学生结合已学知识和新知识，真正实现知识前后的迁移，这样有利于学生不断在复习旧知识的基础上学习新知识，从而不断向更高阶段的英语学习过渡。

第三节　当代英语教学面临的机遇与挑战

一、当代英语教学面临的机遇

当今时代拥有丰富的教学资源，拥有众多的教育教学机会，拥有先进的思想和观念，这些都给英语教学带来了很多的机遇。

（一）信息技术的广泛应用

现代社会快速发展得益于信息技术的提高，信息技术的出现推动了行业的革新，为行业带来了新的发展活力。现在信息技术也被应用到了教学课堂中，教室中都配备了多媒体设备，老师借助设备进行教学，改变了传统教学中单一、枯燥教学的弊端。当前更是出现了网络教学平台，学生们利用网络就能学习知识，弥补了课堂学习的遗漏。总之，信息技术的出现方便了学生的学习，为学生自学提供了途径。

（二）专业英语课不断发展

当前各个专业都在寻求更好的发展，英语作为高质量人才标准之一，人才不仅要促进国内产业发展，也要与国外先进技术进行交流，因此必须要有专业英语能力。因此专业英语应运而生，各大学校致力于打造国际专业。像是商务英语、金融英语、法律英语等课程在专业中占有重要位置。学生们集中学习专业英语对理解专业知识以及开展学术交流起到了很大的促进作用。新时期，教育水平的提高，留学深造的高质量老师增加，为学校提供了丰富的教学资源。

（三）跨文化教育不断受到重视

不同文化背景下的人，所具备的行为习惯以及思维方式也存在很大差异。我们学习语言的目的不单是阅读也要与人交流，这个时候就需要有充足的跨文化交际能力，以免触碰到交流禁区，导致交流中断。在传统教育中大部分老师不会将跨文化教育作为英语教育的重点，只是单纯讲解基础知识，甚至学生锻炼口语的机会都很少。新时期全球化发展速度加快，我们与国外联系加深，面对面交流也非常方便，跨文化交际教育受到重视，学生能力得到了很大提升。

（四）教学形式与内容更加丰富

信息技术的发展还方便了老师的教学，社会处于快速发展阶段，每时每刻都会有新技术以及新理念的出现，学生作为当今时代的建设者，必须具备最先进知识。但是就现在教学来看，学生学习的教材版本陈旧，并没有收录新知识。因此，老师可以借助网络，时刻追寻专业领域的新思想，给予学生最先进、科学的知识，扩充学生的知识量。同时借助网络技术改变了传统课堂没有生机的教学模式，利用视频、图片等吸引学生兴趣，以提高学习效率。

（五）教师的教学能力不断提升

老师是课堂的主要引导者，但是英语课堂中英语老师俨然成为主导者，部分学生认为英语学习无用，只将自己的精力放在专业学习上，英语课堂是他们娱乐的地方，玩手机已然成为课堂的主要趋势，甚至有部分学生直接逃课，以至于部分老师对这些违纪现象感到"麻木"，不再追究。而且英语课堂多为大班教学，一个班级会有五六十人，老师没有精力管理这么多人。当今时代教学理念的完善，加强学生的管理力度，并且老师可以通过很多方式学习先进的教学理念，提升自己素养。

二、当代英语教学面临的挑战

（一）英语教材单一

教材是英语教学的重要资料来源。信息技术的发展以及教育改革的影响，对英语教学提出了更高的要求。只依靠单一的教材已经无法满足当今时代和教育改革的需要。纵观当前的英语教学，很多英语教师仍然只注重教材的单一应用，对教材的多样性开发有限。英语听力教学、口语教学、阅读教学也是以单一的教材为主，并没有结合当今时代教育的发展，对教学内容进行补充和更换。

可见，教材的单一性已经不利于英语教学的发展。近年来，当今时代对英语教材、教学资源的多样化性提出更高的要求。而当前形势下的英语教学仍以单一教材为主，这会严重阻碍学生知识的积累和知识的学习。可以说，在当今时代，单一的英语教材面临着严峻的挑战。如果教师不注重教材的开发，将会影响英语教学，目标的实现。

(二) 现代教学设备和语言环境存在欠缺

在传统的英语教学中，一支粉笔+一个黑板就可以完成英语教学。但在当今时代，英语教学的完成需要更多的现代教学设备。但实际教学过程中，很多学校的教学设备都无法满足英语教学的需要。可以说，教学设备在当今时代面临着严峻的挑战。

众所周知，英语是交际的工具，属于语言研究的范畴。英语的学习和练习都需要语言环境的支持。然而，很多学校的英语教师只注重英语基础知识的讲解，以及应试技巧的学习，很少为学生创设好的语言环境，这对学生的英语应用和表达是不利的。可以说，当今时代对英语教学的语言环境也提出了前所未有的挑战。

(三) 忽视了学生能力的差异

英语教育贯穿了我们学习生涯的始终，但是英语教育的难度、深度增加，再加上学生的学习积极性下降，不够重视英语学习，导致大部分学校的英语教学情况并不乐观。老师在教学过程中使用统一教学方法，忽视了学生学习差异性。英语教育并没有根据学生学习能力以及接受能力的不同，制定分层次教学方法，学生个体的英语能力并没有提高。

(四) 对传统英语教学评价体系的挑战

在传统英语教学中，教师主要通过考试成绩对学生的学习情况进行评价。一学期的重要考试也就只有期中考试和期末考试。这种评价方式忽视了学生的平时表现。而考试会受很多因素的影响，例如学生的应试心理、应试技巧、已学知识、拓展知识等的影响。如果仅凭考试就对学生的学习进行评价，会缺乏全面性，不利于全面体现学生的水平。

进入 21 世纪以来，网络技术、云计算和大数据技术不断发展。教师可以将这些技术融到英语教学中，利用这些技术搜集、整理相关信息，对学生的日常学习情况进行监督和评价。同时，教师还可以利用大数据技术将学生的日常表现记录下来，并将其纳入最终的能力和水平考核中。这种评价方式不仅可以反映学生的真实水平，还可以对学生的学习情况进行全面评价。可以说，当今时代的发展，对传统的教学评价方式带来了诸多挑战。

（五）对英语教师的挑战

众所周知，在传统英语教学中，教师是知识的传授者、课堂的主导者、信息的权威者。随着时代的发展，教师的角色发生了很大的变化。教师不再是主导者、权威者，而是教学的设计者、组织者、引导者、开发者。尤其是在当今时代，教师要提高现代化教育技术运用能力，要提高自身的信息素养和数字素养，要注重线上线下混合式教学模式的应用，这些都是当今时代给英语教师带来的挑战。

第二章 依托微课、慕课策略的英语教学创新

随着信息化技术手段的不断发展和进步，英语教学的形式不断创新和改革。"微课"和"慕课"作为较为流行的教学方式，已经被广大师生所逐渐接受。"微课"和"慕课"在英语教学中具有较为广阔的应用前景，将其应用于英语教学中，促进了英语教学的改革和创新。本章主要对微课和慕课在英语教学创新中的应用进行系统论述。

第一节 微课与慕课概述

一、微课

（一）微课的概念

微课是为满足移动学习和利用零碎时间学习的需要，教师将教学目标聚焦在某一个环节上，利用最短时间讲解一个知识点及教学重点、难点，同时配有与该主题相关的微教案、微课件、微练习、微反思、微点评等辅助性教学资源的课程资源包。

（二）微课的特点

1. 教学时间较短

微课最为显著的特点就是教学视频比较短。针对不同阶段的学生，微课可以制作成不同长度的视频。在中小学阶段，微课的视频时间通常会控制在10分钟以内；在高校阶段，微课的视频时间通常会控制在20分钟。可见，微课

教学时间比较短,能够最大限度地集中学生的精力,这是传统教学模式不能比拟的。

2. 教学内容较少

微课中不会涉及很多复杂的内容,而是针对某一知识点、某一问题、某一主题、某一教学步骤、某一教学内容进行设计。这些内容都具有很强的针对性,主题性也比较强,不会涉及杂乱的内容。同时,微课主要是将这一知识点或某一问题或某一环节讲解清楚即可,其内容往往比较简洁,不会涉及过多烦琐的内容。

3. 课程之间相对独立

微课具有明确的主题,通常一个微课只涉及一个主题。每个微课课程之间也并不是紧密联系的,而是相对独立的。学生可以根据自己的现状,去选择某一个微课进行学习,这样不用盲目地将所有微课都学习,在很大程度上提高了学生学习的针对性,也使学生在一定时间内学习更多的知识。

4. 资源多样,情境真实

微课针对某一主题或某一知识点提供多种形式的资源。最为常见的有微视频、微练习、微反馈等,这些在一定程度上丰富了微课资源的表现形式。教师可以利用不同的微课资源完成不同的任务。同时,还可以引导学生恰当地选择微课资源,从而不断促进自己的学习。

教育者在制作微课的过程中往往会设计一些真实的情境。这些真实的情境与具体的教学目标、教学内容有着直接的关系。例如,在化学微课设计时,教育者经常会融入化学实验室做实验的情境;在英语微课设计时,教育者会设计一些英语角、英语讲演等类似的情境。微课具有真实的情境,这对学生理解知识有很大的帮助。

总之,微课资源的多样性以及情境的真实性,推动了微课在教学中的发展。这一优势使得学生更愿意观看微课视频,更愿意学习相关知识。

5. 共享性

微课是一种新的形式,它内容明确,网络资源众多,这些资源都是可以共享的。即使不在同一空间,也不在同一时间点,学生也可以学习和共享这些微课资源,同时还可以共享自己的观点、思想和情感。

此外,教师还可以共享自己的微课课件,使学生能够借助这些课件进行学习,这在很大程度上彰显了微课的共享性。

(三) 微课的类型

微课的类型划分并没有唯一的标准。按照不同的标准,微课可以有不同的分类方法，每种分类方法又可划分出不同的微课类型。下面列举几种分类方法。

1. 按用户和主要功能划分的微课类型

按照用户和主要功能，微课大致可以分为两种类型：第一类是学生学习微课，第二类是教师发展微课。

学生学习微课面向的对象是学生，主要是使用录屏软件将学科知识点的讲解进行录制而成的，微课长度在10分钟以内。主要用于向学生传授知识、教授技能等，能促进学生进行个性化学习。这类微课是基于微课的英语教学教学的重要组成部分，是微课建设的主流方向。

教师发展微课面向的对象是教师而不是学生，课程内容是教育教学实践中遇到的教学现象、教育故事、教学策略等，也就是对教学情境的反思与总结。例如有的微课，其时间长度不超过5分钟，主要用于学校的教研活动或者教师的培训学习。教师发展微课用于教育研究活动、学校教师培训、教师网络研修等，这样可以提升教师的教育教学能力，改善教师的工作方式，促进教师的专业发展。

2. 按教学目的划分的微课类型

按教学目的，微课可以划分为讲授型微课、解题型微课、答疑型微课、实验型微课等类型。

讲授型微课：以对学科知识中的重点、难点等的讲授为主，授课形式多样。

解题型微课：针对某个典型例题、习题进行讲解分析与推理演算，重在分析解题思路与展示过程。

答疑型微课：围绕学科中的疑难问题进行分析与解答。

实验型微课：针对自然学科（物理、化学、生物等）的典型实验进行设计、操作与演示。

3. 按微视频的主要录制方法划分

按微视频的主要录制方法划分，微课有摄制型微课、录屏型微课、软件合成式微课、混合式微课四种。

摄制型微课：通过摄像机、智能手机、摄像头等外部设备，将教师讲解内容、学生学习的过程等真实情境摄制下来形成的教学视频。

录屏型微课：使用录屏软件（如Camtasia Studio），录制通过PowerPoint、Word、画图工具软件、手写板输入软件等软件呈现的教学内容与过程，即同步录制教师在电脑屏幕上的演示内容或讲解操作过程，或者通过交互电子白板、一体机等数字媒体设备的录制功能，同步录制讲解声音或旁白。

软件合成式微课：运用图像、动画或视频制作软件（如 Flash MX、PowerPoint、绘声绘影、Movie Maker 等），通过微课脚本设计、技术合成后输出的教学视频短片。

混合式微课：应用上述提及的多种方式，制作、编辑、合成的教学视频。

二、慕课

（一）慕课的内涵

"慕课"即"MOOC"，是"Massive Open Online Courses"（大规模开放式在线课程）的简称。Massive 即"大规模"，学习人数众多、学习规模巨大；Open 即"开放共享"，免费注册，丰富的学习资源向全国乃至全世界开放，学生眼界也随之扩展到国外；Online"在线"学习和教学主要通过网络进行，交流与互动都是在网上。慕课融入教学中，使教育教学能够实现在线教学。慕课与教学的融入改变了单纯教学的模式，也打破了单纯学习的模式，真正实现了教师引导教学、学生主动学习。在两者的融合过程中，教师仍发挥着重要的引导作用。教师仍需要监测学生的学习动态，且这种监测是在线的，这样教师可以及时得到学生学习的反馈，这对教师的教和学生的学都是有一定促进作用。

慕课注重在线教学，将多媒体技术、大数据技术、移动互联网技术等融到慕课平台中。同时，慕课可以向所有想要学习且注册账号的用户提供免费的资源和服务，还将一些学习体验融入其中，真正使学生认可慕课，并不断利用慕课进行学习。

总之，慕课对学习用户的年龄、性别、数量、学历等都没有限制。只要是想通过慕课学习的人，都可以通过注册慕课账号的方式进行学习。慕课中的资源都是优质的。慕课的开展有着强大的师资力量，很多资源都来自大学讲授。同时，慕课平台中资源不会设置访问权限，所有的人都可以进入慕课平台进行学习。这些丰富的、优质的慕课资源都不收取费用，用户注册账号也不收取费用。此外，慕课中知识的讲解以及学生的学习都不是在线下完成的，而是在线上完成的。

（二）慕课的特征

1. 大规模性

"大规模"意味着学生数量不做限制，与传统课程只有几十个或几百个学生不同，一门慕课课程动辄有上万人参加。大规模主要是指大量的学生，也可以指大规模的课程活动范围。那么，多大规模才是"大规模"呢？现实表明，慕课的学生远超常规，可轻易达到几千人。而在未来，随着该模式的普及及其影响力的不断扩大，参与者还会更多，因此慕课是一种巨型课程。

2. 开放性

慕课包含大量的内容，也含有丰富的信息和资源。这些多样的内容、丰富的资源都不是封闭的，而是开放的。在网络条件下，学生注册账号就可以在慕课中学习这些资源，这些资源并没有人员限制，对所有进入慕课平台上的人都是开放的。慕课资源也不受空间和时间的限制，对任何空间的人、任何时间的人都是开放的。

此外，大多数的慕课资源都是免费的，所有人都可以进入慕课平台学习自己想要学习的资源。同时，学生可以借鉴慕课中现有的资源进行学习，也可以整理和分享自己的学习资源，这也体现了慕课的开放性特点。

3. 在线性

所谓在线性主要是从慕课的学习方式来说的。与传统的课程相比，慕课已经不是面对面的课程，而是将其课程材料散布于互联网上。学生通过互联网这一载体进行查找资料、课前预习、在线视频学习以及在线提问、在线回答问题和在线考评。从某种角度上说，慕课就是一种地地道道的网络课程，缺少了网络，慕课的大规模性、开放性以及资源共享性是很难实现的。

首先，慕课的学习是通过网络视频在线的形式来实现的。慕课的课程形式一般采用"翻转课堂"来进行，课堂内外的学习都离不开网络；其次，慕课的课堂讨论以及问题的提问和答疑也可以通过在线网络的形式来进行；再次，学生考试和成绩评定也可以通过网络来进行；最后，通过网络在线学习还可以实现知识和技能的创生。

4. 自主性

慕课网络课程学习的全流程在网上在线完成，课程运作模式是提前录制讲课视频，然后上传至网络平台供学生观看学习，而学生必须通过网络进行在线学习。学生的网络在线学习具有很强的自主性，学习的时间和地点不受限制，只要具备一台电脑和顺畅的网络即可，突破了传统课程教学的时空限制和约束，实现随时随地的学习，满足了更多学生的个性化需求，有利于激发学生学习的自主性，提高学习效率。

5. 集约性

由于慕课是网上学习平台，因此可以实现资源共享。在"中国大学MOOC"在线学习平台上有很多优秀的教学资源，很多学校会开设某些专业的慕课教学课程，也有很多老师会上传学习资料，因此，一方面各校的老师之间可以互相学习和借鉴，及时发现自己在教学过程中的不足，更新自己的教学资料，从而提高教学质量；另一方面学生也有了更加丰富的学习资料，学生可以不仅仅只局限于本校本专业的学习资源，可以通过慕课其他学校和其他专业的学习资料，从而满足自己各方面的学习需要。

6. 互动性

互动性，强调的是教师和学生在慕课教学过程中能够相互交流、相互沟通，从而达到一种互动的效果。慕课的互动性，扩大了慕课的应用范围。慕课中包括很多的互动工具，学生可以利用这些工具与教师进行交流和探讨一些问题。同时，学生还可以利用这些工具分享自己对问题的一些看法，这是传统教学很难实现的。慕课的互动性，在信息传递、知识理解、情感交流中起着重要的作用，其互动性促进了慕课在教育教学中的应用。

7. 资源共享性

所谓资源共享性就是慕课所提供的学习资源是免费的，并且是不设条件的向所有参与者开放。免费共享是慕课区别于以往开放教育的本质特征之一。慕课的资源共享性应该是同大规模性、开放性、在线性相并列的一项重要特征，这种特征主要体现在以下三个方面。

首先，免费注册参与课程学习。秉承共享的理念，教育者和慕课平台的建设者以及网络企业家们一开始就达成了免费参与的共识，免费参与慕课学习，是慕课大规模开展的保证，也是慕课迅速在全球兴起的内在动力。

其次，合作、共建、共享的慕课建设模式。为了使更多的慕课资源做到共享，各学校必须加盟或联合建构慕课平台，发布自己的课程，参与到慕课建设中去，在共享的同时也奉献出自己的课程与别人共享。慕课共建、共享的这一特征，正使得越来越多的大学加到慕课运动中，打破校际壁垒，参与到全球共享课程资源的开发和建设中去。

最后，慕课资源知识产权的共享机制。慕课的开发制作以及在网上发布，都牵涉到知识产权问题，慕课资源真正做到事实上共享还需要解决与法律接轨问题。所以，大范围慕课应用成败的关键，在于能否在知识产权安排上坚持一种行之有效的开放共享精神与实践。

第二节　微课引领英语教学创新

一、微课引领英语教学的意义

（一）有利于学生记忆英语单词

在传统英语教学中，很多学生对记忆单词提不起兴趣。他们往往采用死记硬背的方式，很少真正理解单词的含义。时间一长，学生就会淡忘，这对学生的英语写作、阅读、听力、翻译等都是不利的。随着微课在英语教学中的融入，学生对英语单词有了兴趣。微课可以针对某一单词进行分析，例如单词的多种含义、语法、翻译等。同时，微课会以视频的形式将这些内容呈现出来，这样可以吸引学生学习英语单词，加强学生对英语单词的记忆。

（二）有利于体现学生的主体地位

微课主要通过各种短视频的形式将某一重点知识和难点知识呈现出来。学生可以结合自己掌握知识的情况合理选择微课，认真学习微课中的重点知识和难点知识。可见，微课不同于传统教学，它注重学生的主体性，有利于将学生自主学习的激情激发出来。同时，学生可以借助微课自主学习、自主探索，再也不用被动地接受知识，其主体性有了显著的提高。

（三）有利于学生获得英语应试技巧

在素质教育时代，应试技巧仍发挥着不可替代的作用。教师可以将出错率比较高的习题置于微课中，还可以将一些不容易区分的知识点制作成微课的形式，同时还可以将一些应试技巧和应试心理制作成微课，这样学生可以通过微课来学习应试技巧，从而的增强自己的应试心理。

在观看教学视频的过程中，学生能够跟着教师的教学流程展开学习，在学习中体会教师的思路。为了缓解学生的考试压力，微课中常常会包含许多调节学生心理的措施，这在一定程度上提高了学生的学习成绩。

（四）有利于拓展学生的学习内容

英语教学发展至今，在教学方面仍然存在很多弊端，其中最为典型的是，传统英语课堂教学的重点局限于理论知识，这极大地阻碍了学生的全方位发展。显然，微课的出现，为教学提供了丰富的资源，其中包括但不限于音频资源、网络资源等，这拓宽了学生的知识面，增长了学生的见识，使学生学到了更多知识。

（五）有利于学生学习英语语法

正如我们所知，在英语教学中，语法教学是关键，无论是练习口语，还是训练写作，都离不开语法的恰当运用。但是要想学好语法，恰当运用语法并非一件容易的事，学生常常会在学习中感到困惑与不解，微课教学的出现，为语法的顺利教学提供了帮助，微课虽然时间有限，但能够帮助学生分清语法重难点，同时对语法进行分类讲解，当学生无法理解某一语法知识点时，可以随时倒退视频重复观看，直至听懂为止。如此一来，学生就能够顺利掌握语法知识，并加以恰当运用了。

二、微课引领英语教学的原则

（一）导向性原则

教师在进行英语微课教学设计时应该把握好新时代英语教学的目标以及学生综合能力的培养。英语课程具有交往性、开放性、文化性等特点。在三类特点当中，交往性最为重要，甚至可以说是最能概括英语课程本质的特征。所谓的交往性表现在英语课程中，就是富有教育意蕴的语言互动，包括生生互动、师生互动以及学生与文本的交流，唯有以情境为基础展开教学才能体现这一特点。一般来说，教师常常根据交往性来设计英语微课的教学目标与任务，引导学生学习英语。

作为英语课程的另外一个特点，开放性实际上就是指英语的多元文化性。当前，英语教材往往根据话题来设计教学问题，引发教师和学生思考，进而学生在问题讨论中提高英语水平。

作为英语学科的特点之一，文化性要求英语微课教学的开展要立足于文化之上，学生应该注重文化的学习。

一直以来，实施英语教学的目的就是促进学生的全方位、全领域发展，然而要实现这一目标，教师就应该在英语微课教学中遵循指导性原则，从英语自身的特点出发，设计合理的微课教学计划和任务，进而增强英语教学效果。

（二）灵活性原则

纵观英语教学过程，无论是正式上课之前，还是开展课程的过程中，又或者是下课之后，都可以灵活利用微课。就应用类型而言，预习新知识、巩固旧知识、探讨课堂问题等都可以利用微课来进行。在正式上课之前，学生可以利用微课视频来温习旧知识，预习新知识，这有利于课堂的开展，更有甚者直接在课前学习了所有新知识，课堂时间则用来答疑解惑。微课在英语课堂中则是纯粹的教学资源，教师为学生播放微课，直观的教学视频更能吸引学生注意力，提高学生学习的兴趣。微课在课后仍然有很大的价值，学生可以根据自己的需要反复观看微课视频，以便及时掌握英语知识，拓宽视野，一方面，它为学生提供了反复学习知识的可能性，另一方面，它对于增强学生思维能力具有重要意义。

（三）实效性原则

近年来，社会发展，科技进步，为教育提供了更多的教学方式。微课，作为信息时代的产物，推动了教学的开展。教师在设计教学的过程中，必须关注学习者的真实需求以及所学知识对于现实问题的解决能力。总之，要将教学与实际生活相联系，解决现实存在的问题才是微课内容制定的前提，采用现实问题来引导教学能够激发学生学习的积极主动性，使学生乐于学习，享受学习。

（四）主体性原则

实施英语微课教学需要遵循的原则之一就是主体性原则，所谓的主体性原则可以简单概括为以学生为主体，并重视学生主体地位的原则，一切教学的开展都应该以学生为基础，在实际英语微课教学中，应该时刻将学生作为教学主体。世界上不存在两片相同的树叶，同样地，学生之间也会存在智力、学习能力、认知能力等方面的差异，基于此，在面对不同的学生时，教师应该采取不同的措施，推动学生个性发展。为了确保英语微课教学内容与任务的合理性，教师一方面要掌握学生的具体学习情况，尊重学生之间的差异性，另一方面，要设计有梯度的教学内容，学生能够完成的教学任务，在符合学生需求的同时提高学生英语水平。

此外，在英语微课教学设计时，教师还要注意学生上课的注意力集中程度。也就是说，英语教师应该在设计微课教学的同时明确教学内容，尽量运用生动形象且简洁易懂的语言来讲解英语知识，抓住学生的注意力，进而增强英语教学效果。

（五）反馈原则

反馈原则同样是微课英语教学的原则之一。一般来说，在微课英语教学中，反馈原则主要体现在两个方面，其中之一是学生的学习效果，另外一个是教师的观摩评价。英语教师只有在充分理解教学目标、教学内容的基础上，才能够合理地制作微课，同时，教师还需要把握英语教学的流程，教学设计恰当与否通常反映在教学效果中。除此之外，评价微课优劣的另一个方法就是教师的观摩反馈，英语教师之间通过观摩微课来交流彼此的意见，这里的意见实际上就是对微课的评价。可见，之所以在微课教学中实施反馈原则，就是为了及时对微课英语教学做出评价，在评价中反思，在反思中进步，推动微课的发展。

（六）易懂性原则

从字面意义上来讲，所谓易懂性原则就是指微课英语教学要具有通俗易懂性，具有化繁为简，化抽象为具体的能力。也就是说，在设计英语微课教学时，教师不仅要确保教学媒体的适用性，还要采用最佳表现方式。美国著名视听教育家戴尔（Edgar Dale）曾在书中描写了"经验之塔"理论，以此为出发点，不同教学媒体中所蕴含的学习经验属于不同的层次，其中主要包括抽象经验、间接经验、具体经验等。基于此，英语教师应该依据教学内容的特点合理选择教学媒体。

（七）整合性原则

在具体的英语微课教学设计过程中，不单单只有微课，还存在各种各样的，类似微作业、微教案、微练习、微评价等的副产品，英语教师理应在合理设计微课教学内容的情况下，对其加以整合。正如我们所知，纯粹的微课程与当前英语学科的发展方向不符，无法满足学生的切实需要，同时也不能最大限度地发挥微课教学的有益之处。但是如果对微课教学资源加以整合利用，那么不但可以推动英语教学，还符合时代的要求。从学生的角度来看，英语微课教学中资源的合理整合，有利于英语知识的巩固，增强学生自主学习的积极性。从教师的角度来看，整合性原则有助于微课开展指导性教学。

三、微课引领英语教学创新的策略

（一）发挥网络优势，丰富教学形式

在教学过程中，需将学生作为课堂主体，利用微课平台，将需要学习的课程进行划分，如分为预习、练习、测验、复习纠错等模块。可以利用微课平台制作微课视频，用较短的时间专门讲解 1 个知识点，让学生们课前预习，或课后复习，时间上可以任学生选择，可以是茶余饭后，也可以是在车站等车的时间、上下学坐公交、地铁的时间，将零散的时间充分利用，提高学习效率。同时，学生也可以将在学习中遇到的疑点、难点给老师做出及时反馈，实现实时互动与交流。还可以通过在线讨论，加强与同学之间的交流，线上考试，对学习成果做出评价，或者在线互评。

（二）重视媒体资源的选择，做好微课权利的保护

一直以来，微课教学的关键就在于视频资源，要想确保教学效果，就必须在教学视频制作领域下功夫。伴随着网络技术的发展，互联网视频资源逐渐丰富起来，就其质量而言，仍然有优劣之分。基于此，微课视频制作人员需要根据教学合理选择视频资源，尽可能地制作出令师生都满意的视频，进而推动微课教学健康发展。进入新世纪之后，信息技术才得以广泛发展，这导致当前我国网络资源在某些领域的发展并不完善，尤其是产权保护领域，缺少严格的法律制度。基于此，无论是学校，还是教师本人，都必须加强法律防范意识，对所制作的微课视频加以保护。在制作英语微课视频的基础上给予一定的保护，两者并举，才能推动英语微课教学健康发展。

（三）转变教学方法，实现互动式教学

在英语教学中，有些语法、句型上的难点不是一两句话就能讲述清楚的，教师可以以微课的形式作为重、难点详解，花不到十分钟的时间，将包括知识点、常见的运用句型，或者可以截取某部英文片中刚好有这个句型的片段，让学生们观看，了解其应用的语境，在观看完毕后，可以让学生进行"角色扮演"，用英语对话，学以致用，加强学生对所学知识的理解、巩固以及运用。当然，一节课中微课数量不能太多，否则可能喧宾夺主，反而影响课堂教育效果，需要把握好"度"。教师可以在深入讲解课堂中的重难点问题后，播放微课视频，同时，教师需要关注学生的面部表情，以了解学生对该微课的兴趣性及理解程度，适时指导，并据此对自己设计的微课适度修改。

（四）合理设置微课内容

一般而言，开展微课教学的方式由学生自身的实际需要来确定，而教学内容的设计则需要做到丰富，只有如此，才能达到所期望的教学效果。在英语教学中，学生的真实需求是在掌握英语基础知识的前提下增强英语应用能力，基于此，英语教师可以根据这一需求来合理设置微课。为了使学生真正掌握基础知识，教师可以对学生进行检测，在微课中加入英语考试内容。事实上，在英语教学中，不仅存在大的教学目标，同时也存在小的教学目标，正是一个个小目标的不断积累才能够完成最终教学目标，因此，教师必须依照学生学习情况和教学目标来安排教学内容，进而设置微课教学的内容。

听说读写译同样是学生需要具备的英语能力，为了培养学生的这些能力，教师应该制作训练听说读写译技能的微课视频，学生可以选择合适的视频进行练习。除此之外，为了方便生生以及师生交流，英语教师有必要构建交流互动平台，学生在观看微课中所遇到的问题都可以发在平台上，以供讨论。

（五）加强教师间合作，实现资源共享

微课制作，仅仅是教师一人的努力是不够的，毕竟一个人的创意、思维方式有限，时间长了会出现创造力疲惫，课件制作风格千篇一律，让学生逐渐由最初的新鲜感到后来的淡漠、失去兴趣，这时就需要教师和教师间的交流合作，互相学习对方设计的微课中出彩的地方，拓展微课制作思维，使课件风格多元化，引起学生的好奇心与新鲜感。学校可以定期对本校的微课课件进行评选，也可以纳入其他学校的优秀课件，建立微课平台，对学生与教师开放，实现资源共享，共同提高。平台可以设管理员，由英语教师轮流当值，学生在学习微课后，对于课程中的难点、不理解的地方在线反馈，值班管理员在线答疑，让学生实时把疑难问题，避免问题累积。

（六）建立多元化的评价反馈体系

在英语教学中应用微课，教师除应提升自身设计微课的科学性与合理性以外，还应充分关注自己的教学成果，关注学生的反馈，以此逐渐调整自己的微课，逐步提升英语教学的实效性。对此，教师应建立多元的微课教学评价反馈体系，具体应包括教师评价学生与学生向教师反馈两个方面，属于双向的评价体系。

在对学生的评价中，教师应考虑学生的学习主动性，加强对过程性评价方法的运用，降低结果性评价手段在评价体系中的占比，依据每一名学生的实际情况，进行科学合理的评价。例如，对于学生近期在英语学习中取得的进步，就应不吝赞赏，对于学生在英语学习中的缺陷，也应准确指出，为学生不断完善自己的英语学习提供指导。但需要注意的是，教师对学生还是应当多采用正向的评价，以积极的评价提升学生的英语学习热情，或者采用中性的评价维护学生对英语学习的自信，切勿用消极评价影响学生的学习热情，甚至导致学生对英语出现厌学情绪，制约学生的进一步成长。

学生反馈主要指的是学生对教师的微课教学方式做出的评价。教师可以鼓励学生随时提出建议，如在微课视频设计阶段，教师便可以让学生对视频的选材等多个方面提出建议；在播放讲解重难点知识的视频后，也可以让学生说说自己对重难点知识的理解程度，之后再依据学生的反馈调整教学计划。

此外，在微课评价体系中引入第三方评价，也是不错的选择，如其他教师及学生的家长对微课视频的评价，教师可以邀请他们来旁听课程，对微课的设计提出宝贵的建议。

第三节 基于慕课的英语教学创新

一、慕课在英语教学中的作用

(一) 提高英语课堂的教学效率

进入 21 世纪之后，我国的教育教学领域发生了巨大转变，以网络为主的教学方式开始涌入英语教学中，慕课就是其中之一。作为全新的英语教学方式之一，慕课是由教师引导的以学生为主的互联网平台的教学。显然，慕课不具备时间限制，也不受空间约束，学生具有极大的学习自主性，可以灵活安排学习时间，在正式上课之前，学生就可以利用慕课来了解接下来需要学习的英语知识点；在预习英语知识过程中，学生难免会产生疑问，教师需要对这些问题加以总结，并在课堂上予以适当的讲解，使学生明白并掌握所学的知识内容；学生在慕课学习中，不仅可以随时随地重复播放不理解的知识点，还能够同步进行听说练习，这在一定程度上增强了英语课堂教学的效果。

(二) 共享教学资源

在传统的英语学习中，教学通常都是一次性的，难以重复循环教学过程，无法实现共享教学资源，然而慕课教学可以将该问题有效解决。就英语教学来看，不同的学生由于学习方法和学习技巧的不同，其学习能力也是有差异的，然而因为教学进度需要保持一致，造成学习成绩差的学生不知如何学习英语，也不愿意主动学习英语。然而慕课教学可以满足各个层次学生的学习需求，学生根据自身了解英语知识的情况，正确选择适合的教学资源，利用资源共享让学生的选择从单一变成多样化。最近几年，慕课教学模式迅速发展，教学资源有显著的改善，而且深受师生的喜欢，在英语教学中增加资金投入，有利于提高教学水平。通过共享教学资源，可以使学生结合个人的兴趣，选择自己感兴趣的教师，以发现符合自己需求的学习方法。并且共享慕课教学资源可以推动统一教学，减少不同地区之间教学资源的差距，以保证教育可以实现平衡发展。

(三) 提高学生的学习兴趣

慕课是与时俱进的教学模式。特别是在当前网络时代，手机客户端实现普遍应用，为在英语教学中应用慕课教学模式打下良好的基础。在原来的教学模式中，教师始终占据着主导的地位，学生只能被动接受，不能实现既定的教学目标，这样就难以激发学生学习英语的动力和热情。慕课教学与网络有机结合，可以尽可能真正满足每个学生的需求。慕课教学模式是将学生作为中心，要求学生具有很高的主动性，可以使学生主动学习英语。在慕课教学模式中，学生不再被动接受，结合个人的具体情况来优化学习内容，便于提高学生的学习效率。

(四) 实现分层教学的目标

在大多数学校中，通常都采用课堂教学的方式，但是实际上，课堂教学无法表现出学生的个性化，因为每名学生的英语基础、接受知识的能力等情况都不同，课堂教学模式无法顾及全部学生，这导致学生之间的差异逐渐增大。在这种情况下，在英语教学中，使用慕课进行教学，可以实现分层教学的目标，解决学生学习能力不同等问题，老师充分利用互联网上的各种教学资源，全面分析和掌握每名学生的学习能力和英语水平等情况，在这个基础上为学生分配合理的英语课程，根据学生的不同层次，制定合理的教学计划，满足每名学生的学习需求，达到因材施教的目的。老师在运用慕课教学方法的过程中，可以及时了解学生的学习情况，掌握学生学习中遇到的问题，根据学生的实际问题为其提供合理的解决办法，降低英语学习的难度，调动学生学习英语的积极性。对待那些英语水平较高的学生，老师可以为这类学生添加一些拓展知识，让他们使用慕课独立学习更深一层的知识，提高学生的英语水平。

二、基于慕课的英语教学设计原则

（一）注重英语的学习资源性

互联网自诞生以来，便为人们的生活带来了极大的便利。互联网的存在，为学习资源的汇集提供了机会。散落在各个学校的丰富学习资源可以统一集合到互联网平台上，以便师生随时获取所需资源。在传统英语教学中，教师常常因为找不到教学资源或者所找资源不全而降低教学质量，显然，互联网为海量学习资源提供了储存平台，解决了资源同质性高以及资源不足的问题。

（二）以促进社会互动作为根本的目标

慕课作为全新的英语教学方式，实施的根本目标在于促进社会互动，进而增强学生英语综合能力。事实上，我们不难发现，现实中存在一部分学生虽然英语成绩优异，但并没有与之相符的英语综合素质，这似乎是当前我国学生在英语中学习中普遍存在的问题，考试成绩优异，但不具备相应的口语能力，也就是英语应用能力较差。与传统的英语教学有所不同，慕课教学能够促进学生的社会互动，简言之，慕课为学生的交流互动提供了平台，学生可以根据自己的学习情况尽情发表意见，与同学、教师探讨知识、交流知识，进而从根本上提高学生的英语应用能力。

（三）提供自主学习的支持

纵观传统英语教学，教师是课堂的知识传授者，学生则扮演着被动接收者的角色。教师所讲授的教学内容都是基于绝大部分学生来进行设计的，然而学生之间存在差异性，并非所有的学生都适用。慕课教学则与之不同，它对于锻炼学生的自主性学习具有重要意义，从不同的视角出发分别对慕课做出设计。基于行为主义理论，程序在学生自主学习中至关重要，此时慕课是依据学生自主学习的实际情况来设计的，比如学生的自我调节情况、反馈情况、进步情况等。从建构主义理论入手，这一理论对学生的自主学习提出了以下要求：学生不仅要关注学习情境，还要注重任务的设置，这就导致教师需要在教材知识的基础上结合社会以及学生现状来设计慕课。根据关联主义理论，自主性学习顺利进行的基础在于辅助学习材料的正常推送以及相应讨论主题的提供，学生能够在此类自主学习中，提升英语综合能力，通常情况下，这适用于英语基础知识扎实的学生。总之，为了满足不同学生的需求，就应该采用不同的方式展开教学，在真正意义上提高每一位学生的英语水平。

三、基于慕课的英语教学创新策略

（一）创新英语教学理念

慕课视域下进行英语教学工作创新时，首要的任务就是加深对慕课的了解，探索英语教育与现代互联网融合发展的新思路，以此全面革新英语教学理念，从根本上创新英语教学体系。在实际过程中，英语教职人员要加深对我国慕课平台的认知与理解，并率先参与到慕课平台的课程研究中，逐渐思索慕课与英语教学内容的契合点，以此为英语教学创新工作的开展奠定基础。

同时，只有英语教师加深对慕课的了解，革新自身的执教理念，才能够实现英语教师从英语教育工作者转为英语教学工作的指导者，并通过对教师信息化工作能力以及互联网教育能力的全面提升，使自身的教学工作开展更加符合互联网时代发展的实际需求，以此全面提升英语教学工作的效率和质量。

（二）建设英语在线开放课程群

近年来，伴随着信息技术的发展，慕课越来越广泛地应用于教学之中，基于慕课的大力建设，英语课程也逐渐丰富起来，对于增强学生英语综合素质具有重要意义。我国越来越多的学校开始重视英语教学，为了尽量满足全体学生的不同英语学习需求，开始建设"英语在线开放课程群"，除了专用英语、通用英语、学术英语等课程之外，还设置了一些基本测试，如，翻译测试、听力测试等。显然，这些课程的设置提供了更多可供学生学习的英语知识，极大地增强了学生的英语能力。

伴随着全球化进程的加快，世界各国不仅在经济领域、政治领域联系日益密切，而且在教育领域也是如此。慕课开始走向国际化，为了加强慕课建设，我国各学校重视与国外学校合作，国际著名英语慕课成为教师和学生关注的重点。目前，为了与国际慕课相衔接，教师在建设英语课程群时，会注重培养学生的英语语言能力以及文化知识。另外，在我国的部分学校，已经开始实施国际化英语慕课教学，与世界各地共享英语教学资源，为社会培养英语人才。

(三) 注重氛围的营造，坚持情境化实践

英语教学的最终目标是向社会输送高水平的应用型英语人才，而不是只会应试而不会表达的学生。基于此，身为向学生传授英语知识的教师，应该合理利用慕课，采取情境化教学的方式为学生营造一个良好的语言学习氛围，同时设置问题，引导学生展开英语对话，以增强学生的交际能力。事实上，英语交际能力并非一朝一夕就可以增强的，它需要经历一个漫长的练习过程，所以，英语教师在进行教学时，要合理选择慕课，确保难度呈递进式上升。与慕课对话仅仅只是创设情境的手段之一，在实际教学中，英语教师为了锻炼学生的语言能力，常常采用视频、音频等方式来创设情境，让学生融入情境之中，在身临其境中练习口语。反复练习口语是提高交际能力的必要条件，除了课堂练习口语之外，教师还可以开设英语线上互助组，供学生课下交流，练习口语。

(四) 构建专业特色英语课程

目前，我国英语教学正处于改革之中，英语课程的改革方向应该根据学生的实际情况而定。同时教学目标的确立也应该遵循学生差异化原则，课程体系则应该依据教学目标来构建。无论是从学生的真实英语水平来看，还是从学生对于专业学习的需求方面来看，职业教育都应该成为当下发展的重点。在传统英语教学中，很多专业存在着严重的教学弊端，不利于学生专业技能的发展，基于此，教师要构建专业特色英语课程，根据专业的不同、学科的不同来设置英语课程体系，建设与时代发展、学生实际情况以及社会需要相吻合的教学模式，进而利用慕课渗透英语教材。一般情况下，教师可以根据预习环节、学习与交流环节、检测环节等来设置英语教学内容。同时利用线上线下相结合的方式来开展教学，使学生逐步提高英语水平，显然，像这类综合考虑专业因素的课程设置更有助于学生掌握专业相关的英语知识，也能够在真正意义上满足英语教学目标。

(五) 促进慕课资源开发

为了使英语慕课发挥最佳教学效果，英语教师就应该积极参与开发慕课资源的活动。

首先，学校和教师应该大量引进英语慕课资源，全面建设慕课教学系统，当然，对于慕课建设来讲，这些远远还不够，教师还应该积极参与开发慕课视频的活动，学会制作短视频，同时学校也要为其提供必要的工具。

其次，为了增强学生的交际能力，英语教师需要与学生进行一定时间的在

线交流互动，指导学生开展慕课学习，并及时掌握学生的具体学习情况，据此做出教学调整。

最后，为了满足学生的真实需求，教师必须对英语课堂教学进行有针对性的合理优化，利用慕课构建简短且合理的教学内容，进而增强英语教学水平。

（六）加强网络学习的双向互动

从表面上来看，慕课在线平台似乎可以进行互动交流，但这种交流并非真正意义上的双向互动，与真实的面对面互动相差甚远，这就导致慕课平台无法实现深入学习。基于此，慕课平台可以采取线上线下结合的方式来完善双向互动机制。

作为完善双向互动机制的一方面，线上互动无非就是利用互联网手段来展开互动。比如，网络选课、网上提交作业、网上批改作业、下载网络英语课程资料等。在正式学习之前，学生可以自行在网络上下载学习指南，根据学习指南来查找学习资料，另外，学生在学习过程中所遇到的疑难问题或者不懂之处都可以利用各种社交工具反映给英语教师，在与英语教师的交流互动中解决问题，当前比较常见的用于社交的工具有 QQ、微信、微博、电子邮件等。为了能够使学生更加便利地与他人交流互动，慕课相关开发者正在竭尽所能以丰富留言板功能。除此之外，学生因年龄不同、受教育程度不同以及所处阶层不同，对网络学习的接受程度不一样，因此，教师在制定线上互动机制时，还必须综合考虑学生具体情况。

从本质上来看，线下交流会实际上就是对线上交流的补充。即使教师已经对线上交流机制进行了合理完善，也无法做到尽善尽美，学生很有可能遇到一些无法在线上解决的难题，此时，就需要利用线下交流会加以解决。一般情况下，线下交流会由教学团队组织，采取的形式是面对面交流，不同于网络虚拟交流社区，线下交流会是真实存在的交流社区，通过近距离的互动，学生能够更好地学习英语知识，解决相关问题，进而提高英语水平。

（七）创新大数据分析技术

目前，伴随着信息技术的发展，大数据分析技术开始应用于教学。慕课平台为了能够全面了解学员，以更好地展开教学，便开始利用大数据分析技术，分析学员的学习行为，对大量数据进行搜集、分析、处理，并据此制作出针对性较强的诊断报告，这为教师掌握学员具体学习情况奠定了基础，同时，教师可以根据分析结果来制定周密的学习方式，选择最合适的学习资源，提高学生学习兴趣。作为科技发展的产物，人工智能技术、云计算技术、大数据分析技术等都被合理运用于慕课教学中,学生的学习情况以及成功因素在这些技术的辅助下呈现在教师面前,智能化教学系统由此形成。基于计算机网络技术,在慕课教学中,无论是数据统计,还是数据分析,都变得极为简单,当前在慕课英语教学中,比较常见的数据分析图有:知识点饼状图、学习活动分析图、学习进度图等,而且这些图都可以随着时间的推移而及时更新,这为教学管理者及时掌握学员学习动态提供了可能。每一位学员的学习进度、观看视频情况、学习时间、学习任务完成情况、学习效率、学习效果等都可以通过分析图获得,英语教师可以据此给予学员针对性地辅导。显然,大数据技术的应用为教师掌握学生学习情况提供了帮助,另外,英语教师在设置英语课程时,也应该参考基本数据,以便能够针对不同的学生设置适合他们的学习任务,开展精准化学习服务。"自带设备"是目前较常出现的应用于搜集信息数据的设备,从本质上来看,这一设备实际上就是以服务大数据分析技术为主的个性化应用程序,它装载在移动智能设备之上,一方面,有助于学生记录相关学习资料,另一方面,有利于信息数据的完整搜集,"自带设备"几乎能够获取全部的移动数据,这对于学生知识体系的完整构建具有重要意义。到今天为止,我国的慕课平台已经能够运用大数据技术搜集、分析、处理学生基本的英语学习情况了,并能够构建数据库系统,推动学员的个性化发展。

(八)提升慕课的职业化水平

应该以发展职业化英语为目的来构建英语慕课教学资源体系,提升学生的职业化英语水平。

首先,根据不同的专业开发不同的优质慕课资源,因材施教,为每个学生的发展都创造良好的条件,使慕课平台的英语课程与学生未来就业的职业岗位相匹配,在最大程度上为学生提供在校培训机会。

其次,以就业为导向,在慕课学习平台创设实践课程,例如商务英语实践、专业英语口译模拟实践等。通过搭建校企合作平台吸引学生积极参与慕课,为大学生毕业后就业做好充足的准备。

最后,要注重学生英语水平的测评。可以借助职业英语背景研发在线英语能力测评系统,在完成专业英语的教学后,引导学生进行有效的职业英语水平测评,有助于教师及时了解和掌握学生的学习状况,为学生学习慕课英语指引方向并且提升其职业英语水平。

(九) 尊重个体学情，差异化指导

在进行慕课教学时要注意到学生的个体差异性，要尊重学情，改变以往传统的"一刀切"的教学模式。教师要根据不同学生的个性需求，因材施教，利用慕课资源进行差异化教学。教师在进行授课前，可以根据学生的具体学情划分出不同难度等级的预习任务并上传到慕课平台，使学生有侧重地完成自主预习。在课堂上，要根据不同学生的学习情况进行能力考查，具体方法可以是设置不同难度的问题请学生回答，进行有的放矢的教学。课后，教师可以定期在慕课平台上传相关作业，让学生自主完成练习和复习。同时，教师应该增加与学生之间的交流机会，了解学生的英语学习需求，鼓励学生对课堂教学提出意见，促进他们积极地参与教学活动。在这个过程中，教师不仅能够了解到自己的教学水平，还能更好地总结教学方式，并根据学生的反馈来调整教学策略。

(十) 创新课上课下联动模式

在开展英语慕课教学活动时，还应考虑充分利用慕课平台，实现线上+线下的创新教学模式。

第一，要巧妙运用翻转课堂。翻转课堂是以师生互动为核心，通过实时交互来将知识传授给学生并让他们参与到学习过程中一种教学方式。学生在课下自主预习英语以后，教师应该在课堂上及时解决学生遇到的难题，传授给学生有效的英语学习方法，帮助学生进行英语学习过程中的重难点突破，创设职业化英语的课堂学习氛围，使英语教学效率得到全面提高。

第二，要根据学生的个性发展需要，注重组织英语项目教学活动，比如将翻转课堂内容娱乐化、任务化、模块化，营造轻松的课堂氛围，激发学生对英语翻转课堂的参与兴趣，引导学生积极参与英语教学活动，进行自主学习，有效提高英语基础能力。

第三，引导学生组建英语自主学习团体，是提高英语课堂教学质量的重要途径。学生可以取长补短、相互促进、共同学习，以小组活动为主线，注重教师与学生、学生与学生之间的互动，在提高英语教学效率的同时也可以培养学生的合作意识。

(十一) 提升教师的专业素养

为了更好地适应慕课教学模式，推动素质教育的发展，学校应该对教师的个人专业能力进行全方位的培训，教师也需要采取一定的措施提升自身的专业素养，提高慕课英语教学质量，具体可以从教学技能、沟通交流技能和个人计算机应用三个方面综合进行。

首先，英语教师可以多观摩其他教师的教学活动，学习其他优秀教师的教学方式，借鉴并发挥其优势。另外，还可以利用互联网观看相关的英语教学示范视频、查阅英语教学的相关资料，注重自身英语教学技能的不断提升，对于教学活动做到得心应手，有利于全面开展英语教学。

其次，英语教师在进行教学活动时要注意维护好师生关系，积极与学生进行沟通和交流，尊重学生的想法及其个性发展，有助于维护课堂秩序、创设良好的课堂氛围和保障英语教学课堂的顺利开展，提升英语课堂的教学质量。

最后，英语教师需要提高个人的计算机应用能力，只有这样，教师才能充分利用硬件教学设施，发挥出慕课教学模式的积极作用。学生观看的教学资源直接来源于教师，所以教师要保证高质量的教学资源，非常关键的一步就是要熟练掌握教学资源的制作方式，例如视频的拍摄、剪辑、制作以及课程内容的上传方式等，这些都对英语慕课教学质量有着重要的影响。教师只有不断提升个人计算机应用能力，才能跟上线上教育的发展步伐，推动英语教学的不断发展。

（十二）构建多元化课程评价体系

多元化课程评价体系在教学过程中发挥着重要的作用，已成为高校教学改革和发展必不可少的重要组成部分，在慕课英语教学背景下，多元化课程评价体系不仅可以有效促进学生的全面发展，为学生提供多方位发展的机会，还能提高英语课堂教学效率。可以从教师评价、学生评价和学生互评三个方面来构建多元化教学评价体系。这种多元化的教学评价体系有助于学生更全面、更系统地了解自己的学习状况和学习能力，可以认识到自己发展的不足，便于掌握适合自己的学习技巧、提升个人的学习能力。同时，教师也能根据多元化评价体系及时了解到自己教学方式的不足之处，从而改进教学模式，提升英语教学质量。

第三章　基于移动教学策略的英语教学创新

随着网络信息技术的不断进步，多种移动平台以及 App 的出现，例如，微博、QQ、微信等。这些移动教学平台大量融入英语教学中，为英语教学策略的创新提供了新的思路。本章主要对微博、QQ、微信与英语教学的融合进行论述。

第一节　微博与英语教学融合

一、微博

(一) 微博的概念

微博是互联网用户进行信息获取、传播和分享的一个网络平台。用户可以通过手机、电脑等各种通信和互联网终端，方便快捷地组建个人社区并实现即时分享。在微博平台，用户可以随时随地运用文字、图片和视频等形式来记录和分享自己的学习、工作和生活。微博的文字编辑量一般限定在 140 个字符。

(二) 微博的特征

1. 即时性

微博具有即时性的特点，主要体现在用户可以随时随地创造微博内容，发布微博，并能够随时与其他用户进行互动。由于可以利用手机来访问、更新微博，因此，用户有机会第一时间将第一现场的内容传播出去，信息时效性明显增强。另一方面，由于微博文字编辑量有限，对用户的文字表达能力要求不高，提高了内容编辑的快捷性。用户利用微博发布信息、表达情感的成本是非常低廉的，他们只需要用一些简单的语言就能将这些信息表达出去，同时，微博因为有着十分多样的发布信息渠道，因此，信息的发布相对来说比较简单。其次，如果从微博的应用层面上来讲，微博无论是注册、登录都非常简单，人们可以直接在电脑端进行相关操作，也可以在手机端进行相关操作，尤其是手机端的应用，能让人们可以随时随地地玩微博。这样，人们的闲暇时间就获得了不错的利用，同时，信息的发布也变得更加及时。

2. 移动性

现在人们接触电脑的时间相对不长，接触手机的时间变得越来越长，微博就是一种能够连接 PC 平台和手机平台的新平台，它在手机平台上不需要再去培养用户，那些在 PC 平台上的用户会自动成为手机平台用户。

3. 互动性

在网络技术不断发展的今天，微博的社交功能愈发凸显，它甚至已经成为一个用户有效参与社会事务的平台。微博交流的方式是多种多样的，人们可以通过转发、评论、@他人等不同的形式与其他人进行交流，这样，信息将会在更大的范围内传播，信息传播的速度也会加快。用户利用微博在互联网上构建交流的新方式主要包括以下两种：第一，微博可以是对现实世界的一种延伸，人们可以将自己现实世界中存在的朋友、同学等关系延伸到微博上；第二，微博会分析用户的大数据，为人们推送一些其感兴趣的人或事，那些有着相同兴趣的人就可以互相关注，进而建立一个新的社交圈子。

利用传统媒介实现普通民众与公众人物、政府机构的交流相对来说会比较困难，但是借助微博，这种交流就变得十分容易，因为这些公众人物、政府机构一般都会开通微博账号，普通民众可以通过评论、转发与私信等方式与其进行交流。当然，人们也可以将自己的基本信息公布在微博上，从而使虚拟世界的关系延伸到现实世界中。不过，笔者必须要强调的是，这样的一种方式是非常危险的，自己的基本信息是一种隐私，逛微博，保护自己的隐私是基本。

4. 原创性

相对于博客来说，微博对用户的技术要求门槛很低，而且在语言的编排组织上，没有博客那么高。移动设备的发展，为微博的便捷化提供了基础，如一些突发事件，如果用户在事发现场，就可以在微博上发表，其实时性、现场感以及快捷性，甚至超过所有媒体。网络上众多资讯信息、热点解读、悠闲旅游、幽默搞笑的段子都来自微博用户的原创内容。

5. 广泛性

对各大信息传播平台进行分析，可以发现，微博在传播信息的活跃度方面要比其他平台高一些，可以说，微博已经成为现代人进行沟通、传播信息、表达情感的重要渠道。传统媒体传播信息的载体有限，且信息传播的范围也有限，但微博能让用户具有双重角色，他们可以是信息的发布者，也可以是信息的传播者，而且利用转发等手段，信息将会在更大的范围内获得传播。微博有着自己独特的关注机制，正是因为它具有独特的关注机制，其才具有了独特的信息传播机制，微博上的信息传播一般是一种呈放射式的传播。微博发布者发布完信息之后，其粉丝会对这些信息予以转发，当转发完毕之后，这些信息就成了该粉丝的信息，且这些信息还能被进一步扩散到下一层的受众，这样，多层次的信息传播目标就实现了。

6. 大众性

微博有着十分明显的大众性特征，这是因为其用户大多数为普通民众，他们所发布的与传播的信息也多为自己的日常，所流露出的情感也都是自己的真情实感，正是因为如此，这些信息也才能为其他的微博用户所理解与认可。这类信息的传播没有很高的门槛，信息源自人们的日常生活，人们只需要具有能基本描述生活的能力即可，根本不需要具有专业知识，也没有必要找寻新闻视角。尽管微博没有与传统媒体一样的深度，但是其广度却十分贴合人们的生活节奏与习惯，因而能让人们在这一平台上发布的信息获得传播。

(三) 微博的功能

1. 关注功能

微博用户看到自己感兴趣的用户时就可以使用微博的关注功能，当关注了某一用户之后，你就会成为他的粉丝，当他发布信息之后你就会收到。倘若博主对你发布的动态也比较感兴趣，关注你之后就会成为你的粉丝，那么你们之间就能实时接收彼此发布的信息。笔者需要说明的是，这种关注是一种非常浅显的关注，是能为人们所看到的，还存在一种关注是无法被人看到的，关注他人之后就能悄悄关注其动态，别人并不会知道你关注了他。

2. 评论功能

当博主发布动态之后，其粉丝就可以对其所发布的动态予以评论，一般来说，不是粉丝的用户也能对其进行评论，倘若博主设置了关注再评论的话，这些不是粉丝的用户就不能评论了。粉丝还可以带话题评论，如果评论够多的话，那么该博主的这一条微博动态就会被顶上热搜，从而更多的人也能看到这条信息。微博动态可以被评论，也可以被转发，经过一层层的转发，微博动态的传播范围也会扩大，甚至微博动态还可能在无数次的转发中成为一条爆炸式的新闻。

3. 转发功能

人们利用微博来发布与传播信息的一个重要的原因就是微博的响应速度很快。与传统的新闻媒体相比，微博在传播速度与深度上都有着无可比拟的优势，正是因为如此，许多大新闻往往也是在微博上爆发的。当人们关注的某一个社会事件出现时，人们第一时间就会选择到微博上看看事件发生的前因后果，甚至还会发表对事件的评论，会对自己比较认同的观点予以转发，进而获得其他人的认同。微博的转发功能让信息获得了广泛传播，同时也让有思想的人聚集在一起。

4. 收藏功能

在刷微博时人们总是会被微博推送一些自己感兴趣的内容，但有时因为时间有限等客观因素的影响，人们无法在第一时间阅读完微博，这时就可以使用微博的收藏功能，先将这条微博信息收藏下来，等到有空的时候再阅读，而且只要没有取消收藏，其随时随地都可以查阅这条动态。

5. 服务价值功能

微博是一种不折不扣的社交平台，它具有促进人们友好交流的社交属性，除此之外，它还能发挥服务价值功能。过去，政府机关、名人、新闻媒体等与普通民众的距离很长，其没有什么渠道与普通民众展开交流，而当其开通微博账号时就能与网民进行互动。政府开通微博的主要目的就是听取民众的意见，了解民众的基本诉求；名人开通微博的目的就是将自己感兴趣的东西分享给粉丝，从而获得更多粉丝的支持；新闻媒体开通微博的目的是利用微博传播速度快的特性使自己发布的信息能最快地传播出去。那些有着相同兴趣的微博用户还可以聚集在一起组建微群，每个用户都可以将与这个群有关的信息发布在该群，这样，所有的用户都能从别的用户那里获取更多的信息。同时，在群内的交流还能进一步拉近人与人之间的距离，使人们之间的关系变得更为密切。

二、微博对英语教学的影响

（一）增加英语教学的便捷性

有手机、下载微博软件就能利用微博进行互动，可见，微博是一个非常便捷的社交软件，因此，教师可以灵活地利用微博开展英语教学活动，可以让学生关注自己的微博账号，每天将收集的英语知识发布在微博上，这样，学生就能在第一时间学习各种英语知识。同时，在微博下面学生们还能就某一知识进行讨论，教师也可以参与学生的讨论，并在讨论中对学生进行积极的引导。

(二) 增强英语教学的民主性

传统英语教学中,教师的教学理念比较单一、教学方法也比较陈旧,他们习惯了自己在台上讲学生在下面记的模式,没有意识到应该与学生展开互动。学生的认知水平是不一样的,对于教师所讲的同一部分知识,并不是所有的学生都能迅速消化,有些学生可能并不能听懂,但因为碍于课堂时间,他们又不会主动地询问教师。这时教师就可以鼓励他们在课下利用微博与自己交流,可以通过发私信的方式将自己的不懂之处告知教师,教师看到后就可以对其进行解答。大量的心理研究已经表明,人的认识活动往往与其情感有着十分紧密的联系,可以说,学生的学习活动不仅是其认识能力的一种展现,同时也是其情感诱发的产物。这给教师以启示,在英语教学中,教师应该灵活地将自己的情感融入英语教学中。第一,教师不仅要在课堂上多与学生加强互动,在课下也应该摆脱自己的教师角色,成为学生的朋友,帮助学生解决各种生活中的难题,从而使学生明白教师与学生之间并没有明确的界限,他们是可以平等交流的;第二,教师要让学生对其形成信任感,他们需要利用自己的生活智慧影响学生,从而使学生从心底认同教师,并愿意与教师交流。而这种在生活中与学生的交往是可以借助微博平台实现的,利用微博,教师可以及时了解学生的学习与生活情况,对于那些给教师留言存在学习问题的学生,教师要积极地予以回应,帮助他们解决学习中的难题,甚至是生活中的难题。

(三) 增强英语教学的社交性

教师可以组织所有学生建立一个英语学习微群,同时让学生关注自己的微博,这样,教师发布的所有信息都能为学生所了解,甚至学生们还能就某一问题展开讨论。在频繁的互动中,学生将会学习更多英语知识,在教师帮助学生解答问题的过程中,其不仅可以使用汉语,而且还可以使用英语,如果使用英语解答的话,那么学生将会在一定程度上锻炼自己的阅读与写作能力。微博对每条信息的字数是有一定的要求的,正是因为如此,微博的简易性可以让学生充分地利用自己的业余时间进行学习,同时,在学习的过程中也能增进对其他同学的了解,进而拉近彼此的距离。

(1) 能在一定程度上对"师本位"的教学模式予以打破。教师已经习惯了将自己看作教学的中心,从教材中挖掘知识,并将这些知识直接灌输给学生,这是教师常用的教学手段。现代教育理论认为教学应该以人为本,就是说教师开展教学活动中应该始终围绕着学生进行,应该将学生的学习需求放在重要位置,重视与学生在课堂上的互动,凸显学生在教学中的主体地位。利用微博平台，教师可以进一步开阔学生的学习视野，枯燥的课堂知识在微博平台上将会变得生动，同时也能有效节省其学习时间。

（2）能提高学生的学习效率，帮助教师延伸课堂教学的空间。教师可以对课堂知识点进行系统梳理，并将梳理的结果发布在微博平台上，这样，那些在课堂上没有听懂的学生就能在微博上了解这些知识的"真面目"。学生在学习了教师梳理的知识之后如果还有疑问可直接发表评论，让教师知道自己并没有真正消化知识，这时教师就需要单独对学生进行辅导。同时，微博还具有记忆功能，学生可以翻阅以前的知识点进行再度学习，从而实现对旧知识的巩固。

（3）能让教师与学生平等交流。微博是一个所有用户都可以平等交流的平台，过去，传统英语课堂上，教师是绝对的权威，学生根本就无法发挥其主体作用，与教师展开互动。但是借助微博平台，学生可以自由地向教师提问，同时还能将自己的学习情况反映给教师，让教师分析自己在学习上的不足，从而帮助其制定新的计划。可以说，微博拉近了教师与学生的距离，让学生不再畏惧教师，也让教师放下自己的架子与学生平等交流。

三、微博与英语教学融合的策略

（一）遵循构建原则

英语教学微博具有一般微博的特征，除此之外，还具有自身的特性，需要遵循某些原则。可以说，这一原则体现为教师发布的微博内容应该与学生的学习需求相一致，同时还应该与教学大纲的目标相一致。对英语教学微博的大量经验进行总结，可以发现，建构英语教学微博必须遵循专业性、针对性与发展性等原则。

（二）促进知识交流

教师与学生，学生与学生之间的知识交流，在教学过程当中是至关重要的一部分，通过交流沟通，学生能够进一步拓宽眼界，疑问会得到解答，而且能够了解到他人不同的思考方式。特别是对于英语科目来说，很多时候语句表达方式并不是固定的，就如同我们的母语汉语，一句话可以有多种不同的表达形式，换一种思考与表达形式，不脱离主题依然是正确的。因此教师可以利用微博建立起英语学习的群组，在群组当中与学生共同讨论英语学习的相关课题，在遇到问题时大家都可以发表不同的意见，教师可以进行合理引导，对于学生之间针对课题的矛盾进行调节，针对学生的疑问进行解答，这样的开放式环境才是最有利于语言知识学习的。而且在微博群组当中，教师可以随时与同学发起英语对话，这样的交谈不限制题目，不需要一定与某一章节的课程内容相符合，亦不需要批判对错，教师与学生、学生与学生之间只要以舒适的方式去交流，教师或学生在发现同学表达过程中的错误时，只要稍加引导即可，不需严格批判，这样才能让学生敢说敢错。

（三）定位微博功能

要建立英语教学微博就需要对其进行科学定位，这是十分有必要的，不仅可以为后期微博的完善奠定基础，而且还是后期微博推广的前提。一般来说，英语微博所发布的信息与教材上的内容并不一样，是对教材内容的延伸。学生在阅读、转发与评论英语教学微博内容的过程中就完成了对英语知识的学习，因此，教师必须要重视英语教学微博，甚至要对其进行科学的定位，勇于承担定位英语微博功能的责任。

（四）塑造母语化学习环境

语言学习成果取决于学习的环境，对于语言学习来说，最好的环境便是不需要完全以分数衡量，渗透进生活各个角落，与我们生活完全融合的语言环境，我们幼时学习母语，所处的便是这样的语言环境，虽然会有语言课程，但平日也无时无刻在使用，在得到指导与纠正，自然而然的去学会不同语句，这样的环境是十分重要的。因此在微博平台上，教师也应当努力帮助学生营造这样的环境，建造群组时沟通要尽可能使用英语，而且可以向学生推荐优质的、得到微博认证的英语母语国家博主账号，并更多地去分享国外优秀影视作品，帮助学生从更多侧面去了解英语母语国家民众的表达方式。这样的环境才是最有利于学生熟悉英语应用环境，提升英语应用能力的。

（五）打造微博体系

网络是一种信息载体，它有着十分突出的特征，主要表现为有着极快的传播速度。微博是当前信息发布与传播最为快速的平台之一，因此，教师可以利用这一平台较为快速地传播英语学习资源。借助微博平台开展英语教学活动并不容易，需要教师多发微博，形成一定的规模，同时还应该加强与学生用户的互动。可以说，必须要面面俱到，也就是要打造微博体系。学校应该行动起来，建立官方微博，然后鼓励英语教师建立个人微博，英语教师既可以利用官方微博发布英语学习资源，也可以利用个人微博与学生进行英语互动，从而不断提升学生的英语学习水平。教师还应该积极培养英语学习领袖，鼓励这些学生多发英语微博，不仅要发一些英语学习资源，而且还要发一些英语学习方法，进而帮助其他学生高效地学习英语。要对已经发布的英语微博进行整理，剔除其中一些不好的、不全面的信息，保留一些具有积极意义与教学意义的微博。同时，还应该引导学生确立学习目标，使其能以官方微博为基础，以教师个人微博为依托，学习英语知识，这样，多元的微博英语学习体系也就建立起来了。

（六）丰富知识内容

任何阶段的科目教学，都是以教材为主而开展的，但事实上教材内容只是九牛一毛，涵盖的内容过于有限这显然是无法否认的事实，未来学生的英语知识应用也绝不可能只局限于教材之内，因此拓展知识内容涵盖范围是必要的一步。微博平台则正是能够帮助学生扩宽视野的重要渠道。在微博上，不同的英语知识博主会发布不同的内容，部分是关系到各国民俗风土的，部分是职场专用的英语知识，这些针对不同主题及领域的英语知识博主会让学生从多个方面去了解英语，接触到一个更加广阔的英语文化世界。

（七）开展线上线下活动

英语微博如果想要不断增强其影响力，不仅要多发布有益的、有趣的信息吸引更多的粉丝，而且还要更加重视与粉丝之间的情感交流。交流的方式是多种多样的，不仅能通过线上评论、回复的方式交流，而且还能通过线下组织的英语学习活动交流。不过，笔者需要强调的是，每一位粉丝的英语学习情况并不相同，因此必须要对他们进行针对化的学习设计，使其能始终高效地进行英语知识的学习。

第二节　QQ 与英语教学融合

一、QQ 解读

（一）QQ 的概念

QQ 是腾讯公司 1999 年推出的即时通信软件，不仅可以在各类通讯终端上聊天交友，还能进行免费的视频、语音通话，或者随时随地收发重要文件，并可与移动通信终端、IP 电话网、无线寻呼等多种通讯方式相通，这些强大的实用功能，使 QQ 不仅仅是单纯意义的网络虚拟呼机，而是一种方便、高效的即时通信工具。

目前 QQ 已经覆盖 Windows、Android、iOS 等多种主流平台，是中国使用最广泛的交流软件。腾讯公司推出的这款用于多人即时沟通交流的服务，通过创建 QQ 群即可实现。QQ 群创建以后，群主或群成员之间可以在同一个群内开展各种互动交流活动，交流方式可以是图片发送、音乐共享、群邮件、群公告、群论坛、群空间、群共享以及群相册等，也可以是群成员之间的桌面共享、文件传输、音频对话，群内有共同兴趣或爱好的组员之间另外设置讨论组进行沟通等。

（二）QQ 的特点

1. 社交功能完备多样

QQ 软件中的讨论组、QQ 群等可极大程度地满足一对多、多对多的聊天需求，方便用户结识更多的朋友。具体来说，QQ 群具有设置管理员、全员禁言、设置群标签、发布群公告、发起群活动、群空间、群等级、成员活跃度、群视频、发起群投票、移动端和 PC 端共用等功能。

2. 社交内容丰富开放

QQ 的社交好友跨度很大，相应的 QQ 好友分组、QQ 空间功能将这一优势进行放大。QQ 空间中的"说说"内容可带文字转发评论，且好友们的点赞及评论内容完全公开，即使对并非共同好友也如此。这些都极大地打破了熟人圈的局限，方便用户更大范围地分享个人生活及个人想法，使朋友间更进一步地了解彼此。

3. QQ 钱包方便有趣

QQ 支持用户通过绑定银行卡进行快捷高效的支付，该功能不仅支持好友之间收发红包，还支持银行卡的充值和提现，此外，在 QQ 群中，用户可编辑指定的"口令"内容，发送特定的"口令红包"，使群成员只有发送与"口令"内容相同的信息，才可领取红包，据此以达到节日期间"暖群"、相互祝福或"刷屏"重要信息的目的。QQ 的支付功能除了提高转账和付款的便捷性，更可增进好友间的交流，因此，越来越多的 QQ 用户使用 QQ 钱包进行交易活动。

4. 相关业务体验优质

QQ 系列的相关业务助力 QQ 成为更优质的社交软件：QQ 会员的特权及等级制度可满足用户自身"优越感""身份感"塑造的需求，与在线时长挂钩的升级制度更是吸引用户长期使用的一大法宝；QQ 空间、QQ 邮箱、QQ 音乐、微云、腾讯新闻、QQ 输入法、QQ 游戏等一系列高质量的增值服务，也同样深入人心，大大提升了用户满意度、用户忠诚度。

二、QQ 在英语教学中的优势

1. 扩展英语学习的时间和空间

英语只是学生需要学习的众多科目中的一个科目而已，因而其课时其实非常有限，学生只是依靠课堂学习时间显然是不够的，教师应该帮助学生合理规划课下英语学习时间。QQ 是一种为学生所喜欢的社交软件，它可以被应用于英语教学中，利用这一平台，教师许多原本只能在课堂上完成的教学任务在课下也能完成。QQ 突破了时空的限制，学生没有必要再像以前一样到特定的时间、特定的教室学习。只要他们有网络、有 QQ 账号，那么他们就能在家里、咖啡馆、图书馆等地方学习。

2. 促进"以学生为中心"英语教学法的形成

在学习活动中，学生是不折不扣的主体，教师只有将他们的主观能动性激发出来，其才会主动学习，才会不断地进行思考，从而能完成对所学知识的深化。传统英语课堂上，学生的自由度不高，他们在英语学习方面没有很大的自主权，但是借助 QQ 平台，他们可以根据自己的学习情况、自己的喜好选择学习教师分享的英语资源，同时还能通过语音、视频等方式与教师、其他同学进行互动，这样，他们就能在互动中了解自己学习上的不足，进而不断改正。因为 QQ 让他们有了很大的自主权，他们就会不再惧怕教师，更加愿意与教师进行平等的交流，教师也会更加愿意围绕着学生的学习需求来制定教学计划。

3. 提供真实的交际环境

相对真实的环境能让学生主动地思考问题，同时还能加快其第二语言知识的输入速度。更为重要的是，在交际情境中，学生能验证自己在英语课堂上的所学，并将所学应用在情境中，这样，其英语口语与听力水平就会有一个显著的提高。英语教师在英语课堂上为学生创设的英语交际情境相对来说与真实的语言环境有着很大的差异，是在特定教学内容之下创设的情境，因而学生的交流会受到一定的限制。但在 QQ 平台上，学生可以根据自己的想法设定话题，发表自己的想法与意见，与他人进行顺畅的交流，这样，其学习积极性就能被有效激发。

三、QQ 在英语教学中的应用

(一) 实现网络平台资源共享

与以往的传统教学不同，英语教师不再需要印发大量的资料给学生就可以达到资源共享的效果。英语教学中使用的 PPT、音频和视频资料能上传到 QQ 群，让学生下载。不仅如此，教师还能把一些富有拓展性知识的网站网址发到 QQ 群上，让学生自行浏览。这不但可以开拓学生的视野，补充学生的课外知识，还能为学生提供自主学习的机会。与此同时，学生也可以成为主动的资源分享者。当学生在浏览网页时发现有用的英语学习网站，可以通过 QQ 群推荐给同学们或教师。久而久之，师生逐步共同建立英语学习动态资源库，英语学习变得不再因缺乏资源而困难，也增加了英语学习的趣味性并提高了学生和教师之间、学生和学生之间的资源共享程度。

(二) 互动与即时交流

英语教学目标是明确的，就是要让英语教师将英语知识传授给学生，同时还要培养他们的英语技能。英语学习方式包括两种，一种是英语输入方式，另一种是英语输出方式。通过将这两种方式进行对比，可以发现，英语输出相对来说能让学生对语言进行深加工。学生在学习中必须认识到输出的重要性，要关注输出、控制输出，这样，其就能获得不错的学习效果。在 QQ 平台上，教师与学生可以进行实时交流，教师想要与哪一位学生交流，就可以点击他的头像，并在输入栏中输入自己想要说的内容。只要网络是顺畅的，学生就能接收到教师所发的信息，并给予恰当的回应。教师可以与一个学生进行信息交流，也可以将信息发布在群组中，与所有的学生进行交流。

(三) 共享材料，丰富阅读信息

语言知识的学习可以通过阅读这一方式实现，尤其是在中国语言环境中学习英语，阅读是一个非常不错的途径。有些阅读材料非常大，或者这些材料只是一些延展性阅读材料，并不需要所有的学生阅读，这时教师就可以将这些材料放在 QQ 共享中，学生可以根据自己的实际需求下载。

(四) 增加口语练习机会

全球化背景下的英语课堂应更着重于输出技能的培养，以利于为社会提供国际化的综合型人才。因此，说和写的能力就变得相当重要。遗憾的是，在日常生活中，学生很少会使用外语交谈。即使在英语课堂上，许多学生因害怕犯错不敢用英语表达想法，往往选择沉默以对或企图使用母语交流。此时，QQ则为学生带来了练习口语的契机。QQ里的语音聊天功能打破了地域与时间的限制，让人们能够在各自的家里和身在远方的朋友像用电话交谈一样地对话。课后，教师可以利用这一功能，布置学生完成网上英语口语交流任务。学生就能与自己的同学、甚至外国朋友在课外练习口语，以提高口语能力。有实验表明，这种活动有利于培养学生的英语思维，进而提高表达能力。逐渐地，学生的口语水平就会得到提高，弥补以前一味地顾及笔头能力而忽略口头说话能力的教学缺陷，更符合当今的人才培养要求。同时，学生使用英语交谈的自信也逐步得到培养，变得更敢于开口说英语。

（五）利用日记记录自己的感受

学生学习英语还需要培养自己的写作技能，甚至写作技能还能促进其其他技能水平的提高。提升学生写作能力的重要手段就是写日记，学生可以在课下利用英语写日记，久而久之，其英语写作水平必定会有一个大的提高。每个人的自制力并不一样强，对于那些自制力相对来说没那么强的学生，笔者认为他们可以在QQ空间中每天写日记，这样就能接受教师与其他同学的监督，且教师与学生还能就其日记内容进行评价，肯定其使用的好句子，指出其中的词汇、语法错误。

四、QQ与英语教学融合的注意事项

（一）技术与设备支持

这里的技术支持主要包括两点，一点是教师与学生应该具有电脑或者手机设备，另一点是他们应该都下载了QQ软件，并且能熟练地使用这一软件。技术与设备支持是QQ与英语教学融合的基础，没有它的支持，所谓的英语教学目标就无法通过QQ实现。

（二）加强监控

QQ有着多样的功能，不仅包括聊天功能，而且包括信息传递功能、休闲娱乐功能等。同时，还具有监控功能，利用QQ，教师可以清楚地了解学生是否完成了英语作业，因为教师可以让学生将完成的作业发布在QQ平台上。同时，教师需要及时对学生的作业进行检查，还要利用QQ的查找等相关功能确定学生之间是否存在抄袭行为。

(三) 收集相关材料

每个学生的实际情况都是不一样的，有的学生能力强，有的学生能力弱，这就要求学生要保证收集资料的全面性，要争取收集的资料可以覆盖不同层次与水平的学生。

第三节 微信与英语教学融合

一、微信解读

(一) 微信的内涵

微信，是国内最大的互联网运营商——腾讯公司在2011年初推出的一款智能手机即时通讯应用程序，它不受手机运营商和操作平台的限制，只需要消耗少量的上网流量就能免费发送文字、图片、语音、视频等信息。此外，微信还推出了"摇一摇""附近的人""朋友圈""漂流瓶"等提供社交服务的特色功能。2014年9月30日，新版微信又增添了"小视频"功能，用户可在聊天界面或"朋友圈"拍摄一段不超过8秒的短视频直接发送或分享，在用语音短消息改变了人们的沟通之后，这次微信毫无疑问将再度掀起一次全民小视频狂潮。正如微信官网所说"微信，是一种生活方式"。

(二) 微信的功能

1. 交友功能

微信支持文字、图片、视频等方式实现信息的传输和共享，打破时间和空间的限制，使信息资源不再成为权威人物的独享，用户之间交往日益密切。

首先是基于熟人的朋友圈。被微信用户戏称为"万能的朋友圈"，可以凭借自身的喜好向亲朋好友分享加以文字、图片、表情、音乐、语音、视频的心情、感悟、状态、生活等等，与好友进行互动，以得到更多用户的评论和点赞为微信交际能力强的表现。微信创新了视频和语音的发送模式，面对冷冰冰的屏幕也能够感受到好友的情感和温度，微信好友可以对你所发的信息进行即时点赞、转载、评论。在朋友圈中，微信实现最大化的互动和交流，可以通过手机通讯录和QQ好友导入和添加好友，微信已经成为找寻熟人的最好途径。

对于陌生人，可以通过微信"摇一摇""查找附近的人"和"漂流瓶"的功能来添加，使微信朋友圈的人脉网不断扩大，增强微信用户的交友能力。

2. 信息推送功能

微信公众平台主要有实时交流、消息发送和素材管理的功能。用户可以对公众账户的粉丝分组管理、实时交流，同时也可以使用编辑模式和开发模式对用户信息进行自动回复。当微信公众平台关注数超过500，就可以去申请认证的公众账号，用户可以通过查找公众平台账户或者扫一扫二维码关注公共平台。信息推送则是公众平台的主要特色之一，采用文字、图片、语音、订阅号等及时发送信息，每天持续性地推送用户筛选、感兴趣的内容，包括个性签名、群发信息、周边推送、服务号推送、订阅号推送、腾讯新闻等方式。任何个人和企业都可以打造自己专属的微信公众号，向所有的关注者推送精挑细选的文字、图片、语音等，微信用户可以从中选择自己感兴趣的服务号、订阅号和企业号。服务号的运营主体是组织，一个月内可以发送四条信息；订阅号的主体是组织或个人，可以每天向订阅用户推送一条信息；企业号是用来管理员工、推介商品、宣传服务的窗口，提高信息的沟通效率。

3. 生活服务功能

微信支付是集成在微信客户端的支付功能，用户可以通过手机完成快速的支付流程。微信支付向用户提供安全、快捷、高效的支付服务，以绑定银行卡的快捷支付为基础。微信支持支付场景包括：微信公众平台支付、App支付、二维码扫描支付、刷卡支付，用户展示条码，商户扫描后，完成支付。用户只需在微信中关联一张银行卡，大多数银行无须开通网银，只要拥有预留手机号码，完成身份认证，即可将装有微信App的智能手机变成一个全能钱包，之后即可购买合作商户的商品及服务。用户在支付时只需在自己的智能手机上输入密码，无须任何刷卡步骤即可完成支付，整个过程简便流畅。微信支付渗透到人们生活的各个角落，极大地方便人们的出行，无现金的支付时代悄然开启。

休闲娱乐服务是微信通过网络链接分享和获取听音乐、看电子书、观视频、读新闻、发表情、玩游戏，扩展微信用户的碎片化时间，给用户闲暇时间带来最多的选择，最大限度地满足人们生活中的各种需求。除此之外，还能查询打车信息、理财投资、精选商品、微信红包等便民服务。微信能够以最便捷的方式服务人们生活中的点点滴滴，最人性化的服务感动人们日常的平淡小事，是博得微信用户好感的成功手段，吸引着国内外的人士不断加入庞大的使用队伍中来。

(三) 微信的特征

1. 推送信息具有针对性

微信公众号是一种能有效传播信息的平台。从微信公众号的设计层面上来看，它具有人性化特征，人们只需要长按二维码就能添加公众号，同时只要点击取消就能取消关注，这种简单的操作让人们可以自由地选择自己想要关注的公众号。微信不仅是一种能让人们自由交流的平台，在这个平台上，人们还能购物，还能叫车，可见，微信其实已经融入了人们的生活，已经对人们的生活产生了广泛的影响。

2. 沟通交流互动性强

微信已经为不少用户所欢迎，这是因为它有着多样的沟通方式，不仅可以利用文字、图片进行沟通，而且还可以利用语音、视频等方式进行沟通。更为重要的是，微信不仅能实现双向沟通，还能实现多向沟通，甚至可以支持数百万人同时在线进行语音或视频交流。在年轻人中间微信的使用频率很高，他们利用微信沟通各种信息，且直接表达自己的想法、传递自己的情感。而且，语音或视频的形式能进一步规避人与人之间的误解情况的出现。微信还推出了免打扰与留言功能，因为有时候学生所处的环境不允许他直接接收信息，这时其就可以打开这一功能，在方便时浏览和回复消息。微信的功能十分强大，它有效地连接了教师与学生、学生与学生。

微信还有群聊功能，几个朋友可以构建一个群，他们彼此之间的交流都可以在群中进行。微信添加好友的方式并不唯一，不仅可以通过QQ和通讯录添加好友，而且还可以通过"附近的人"添加一些新的朋友。不过，笔者必须要指出的是，添加陌生朋友必须要谨慎，尤其是对于学生来说，陌生人有时候反而是"致命"的。微信还具有朋友圈功能，开通这一功能的人都可以在朋友圈发布信息，朋友之间通过点赞、评论等操作可以拉近彼此之间的距离。

3. 多重社交关系

微信让人们拥有了一种新的社交感受，人们借助微信可以构建自己的熟人社会关系网，同时还能借助微信的相关功能找到自己的有缘人；不仅能够与某一个人畅所欲言，而且还能与一群人进行活跃的讨论，对于每一位用户来说，其在选择聊天对象、聊天内容方面往往有着自己的自由。微信的社交关系网主要包括两种，一种是熟人关系社交网，另一种是陌生人关系社交网，不同的社交网络，用户发布的信息可以是不同的，因为在发布信息时发布者可以屏蔽某些人，不让其看到这一信息。

4. 用户通讯成本低

微信软件下载是免费的，用户需要付出的就是流量费用。而且，因为微信在字数、图片的大小等方面其实是有一定的限制的，可以说，微信的使用其实并不需要多少流量。甚至在 WIFI 环境下使用微信，人们几乎不用支付任何费用，正是因为如此，微信迅速受到了广大年轻人的喜爱，他们喜欢微信能让他们降低了自己的通讯成本。

5. 信息传递时效性强

微信支持所有的手机系统，因此人们只要拥有一台智能手机就能下载微信软件。更为重要的是，我们使用微信软件，腾讯公司并不会收取一些费用。微信传播信息的方式具有多样化特征，人们可以利用文字、图片进行信息传递，也可以利用语音、视频等方式进行信息传递。

二、微信与英语教学融合的可行性

（一）微信的普及率高

学生一般有着极强的好奇心，同时还有着极强的适应能力，因而当微信一经推出或者微信推出了新的功能，他们往往是最先使用的那一个群体。正是因为如此，微信在学生群体中有着很高的使用率。对学生使用微信的情况进行调查，调查结果显示，几乎所有学生都有自己的微信账号，甚至他们还将微信作为自己主要的社交媒介，他们不仅在微信平台上购物，而且还在上面学习。从这里其实可以看出，将微信与英语教学融合是可行的，也是十分必要的。一方面，微信能成为学生学习英语的平台，在这个平台上，教师与学生都可以上传英语知识到微信公众号或微信群，这样，学生就能开阔自己的视野，学习到更多的知识；另一方面，微信与英语教学的融合能对传统英语教学的单一模式予以变革，能让学生在更加新颖的平台上学习，能激发其学习积极性，提高其学习效率。

通过上述分析可知，微信是可以被应用于英语教学中的，且当它被运用在英语教学中，能扩大英语教学的空间，能提高学生英语学习的质量。

（二）弥补传统教学的不足

教学是一种教师与学生双向互动的过程，因此，教师对学生的引导作用、学生的主体作用都是非常重要的。对传统英语教学的情况进行分析，就会发现，过去教师的主导作用确实得到了发挥，但是教师与学生之间并没有完成高效的互动，甚至互动机会也非常少。这让学生在英语课堂上并没有较高的学习积极性，且学生英语学习的动机也不纯，他们主要的目的就是取得较好的英语成绩，并没有认识到英语学习的真正价值。利用微信平台进行英语教学是一种非常新颖的英语教学模式，它让英语教学变得更具生动性，同时也契合了学生的英语学习需求。一方面，微信平台上的英语学习内容不仅包括教材上的内容，还包括许多与社会发展息息相关的延展性内容，通过学习这些内容，学生可以及时了解社会的变化动态，从而不断激励自己要为社会发展贡献自己的力量；另一方面，学生利用微信平台学习是对线下课堂学习的一种拓展，在这一平台上，学生的探究学习能力获得了提高，同时，学生的英语综合应用能力也有了显著的提高。

三、微信与英语教学融合的策略

（一）革新教学理念

英语教师借助微信平台探索新的教学模式，就需要其转变自己的教育理念，不能为传统英语教育理念所束缚。利用微信平台开展英语教学活动的过程中，英语教师要坚持以人为本的理念，所有的教学方案、决定都应该围绕学生进行。要充分了解每一位学生的学习特点与学习兴趣，从而根据他们的学习特点与学习兴趣，为其提供针对性的学习方案。还应该建立班级微信公众平台，积极在平台上组织英语学习活动，同时注意活动的有趣性与生动性，这样才能最大限度上激发学生学习的积极性，保证其学习的效果。不少学生其实都对微信有着一定程度的依赖，将微信应用于英语教学中，正是满足了学生利用微信学习英语的需求。教师要注意转变自己的身份，不应该绝对地将自己看作是教师，而是应该将自己也看作是英语学习者，与学生在微信平台上就一些英语问题展开积极的讨论，在讨论过程中，教师不仅能进一步增进与学生之间的距离，而且还能使其综合素质得以提高。

（二）建立英语学习微信群

现代的学生接受事物的能力较强，思想已经趋于成熟。在英语教学中，英语教师应该将每个班集体建立一个微信群，这个微信群的名称可以制定为英语讨论组或者英语学习组。这样微信群的成立就有了明确的目标，不仅让给学生创设了与众不同的学习环境，还坚强了学生与教师之间的沟通与学习，提高了学生学习的热情。首先，教师针对在英语课堂中出现的问题或者教学的重点和难点进行语音的讲解，学生通过微信进行学习、探索和训练。这样学生就可以利用碎片化的时间进行有效的学习。其次，教师将在微信中布置语音作业，让学生通过自主的学习和思考，及时的完成教师布置的作业。例如，在纠正学生英语发音这一问题时，学生通过教师发布的语音段落，进行反复的练习和跟读，从而有效提升学生的英语发音。最后，教师在对存在问题的学生进行一对一的指导，并给予纠正。

(三) 创新教学方式

基于微信平台的英语教学是一种线上教学，笔者在这里强调微信与英语教学的融合并不意味着只让教师与学生关注线上英语教学，或者否定了线下课堂英语教学的作用。其实，在探索基于微信平台的英语教学模式的基础上，可以使它与线下课堂英语教学相融合，这样，一种新的教学模式——混合式教学模式就形成了。在课前，教师可以借助微信平台将学生需要预习的教材知识以链接的形式发送给学生，学生经过学习这一链接中的知识就能对在课堂上需要学习的英语基础知识有清楚的了解。在学生提前预习完知识之后，教师可以在线下课堂上使用多媒体课件对这些知识进行讲解，对于学生在预习阶段已经了解的知识，教师的讲解可以进一步深化他们的知识，对于学生在预习阶段存在疑问的地方，教师的讲解可以让他们豁然开朗。

(四) 构建英语互动教学模式

1. 建设基于微信平台的英语互动多元化课程

传统英语课堂上，英语教师与学生的互动机会不多，但是互动在英语教学中其实是非常重要的，而借助微信平台，就能很好地达成英语教学的互动目标。具体来说，教师应该注意将学生的主体地位凸显出来，并结合学生的实际学习特点为其定制多元互动课程。例如，有的学生并未对英语学习形成正确认识，认为自己学习英语只需要通过四六级即可，这样自己以后在找工作的过程中就不会因为英语而受挫。这就导致他们在学校学习英语期间并没有形成较强的学习意识，也没有较强的、准确的学习动机。在这种情况下，英语教师不能袖手旁观，而是应该根据学生的专业需求，在微信平台上为其设置更加合理的英语互动课程。在实际设置英语互动课程的过程中，英语教师必须要以学生的实际需求为基础，同时还要对课堂教学与线上教学的关系进行准确的协调，将微信英语互动教学的各个环节及其作用也要清楚地指出来。此外，英语互动课程的实施需要资金支持，学校应该最大限度上为课程的实施提供资金支持，同时还要最大限度上维护微信平台的"健康"。互动教学讲求实效性，为了提升教学的实效性，笔者认为学校可以与校外企业展开合作，企业可以为学生提供许多锻炼英语的机会，在参与企业工作实习的过程中，学生的英语应用能力必定能有所提高。

2. 创设基于微信平台的英语互动教学情境

借助微信平台，教师应该帮助学生创设互动教学情境，利用这一情境实现线下教学与线上教学的有机融合。教师可以在微信平台上向学生了解微信互动学习的效果，也可以在线下向学生询问微信互动学习的效果，并根据学生的反馈即使调整互动教学方案，从而不断优化学生的学习效果。学生的英语学习不可能是一帆风顺的，他们在学习过程中肯定会遇到不少问题，面对这一情况，学生必须要及时向教师或同伴请教。此外，学生还可以利用微信平台开展自主学习活动，微信平台上有着教师上传的许多英语学习资源，尤其有着一些非常生动的学习视频，学生通过观看这些视频就能完成对某些英语知识的学习。英语学习视频是一种很好的英语学习资源，当学生没有理解某一知识点时，其就可以反复观看视频。教师提供的微信学习资源应该与教学进度一致，这样，学生就能借助这些额外的资源对所学知识有更加深入的理解。

（五）完善教学内容

构建基于微信平台的新的英语教学模式当然并不是一件易事，需要教师进行多方面的考量，尤其是要重视教学内容在其中所发挥的积极作用。基于此，教师必须要有意识地丰富教学内容，不断提高教学质量。英语教师需要对英语教材进行细致分析，整理出一些需要给学生讲解的知识，同时结合这些知识在互联网上找寻对应的教学资源，这样，学生就能学习到更多的知识。教师提供给学生的学习资源的容量可能会比较大，这时教师就可以将其设置成文章链接发布在微信公众号中，每一位学生在阅读公众号文章时就能看到这一链接，点击链接即可获取英语学习资源。这些英语学习资源的形式也是多种多样的，为了让学生能更加清楚地了解这些英语知识，英语教师一般会结合英语知识的特性选择文字、图片或者音频等形式。多样的知识呈现形式能在最大限度上激发学生的学习积极性，能为学生的英语学习提供多样的思路，使其能在英语学习中自觉地进行思考。教师可以在微信平台上组织丰富多样的英语教育活动，教育主题最好可以听取学生的意见，确立完主题之后，学生就可以在微信群中就相关主题展开讨论，学生的讨论最好可以使用英语，这样，其不仅能展现了自己的英语知识学习情况，而且还能锻炼其英语口语与协作能力。当学生讨论完毕之后，教师需要对其讨论的结果进行评价，肯定其中的成果，找出其中的不足。同时，为了进一步提升学生的英语实践能力，教师还要应该将这种线上教育活动延伸到线下，从而使学生在线上与线下都能获得学习上的满足。

(六) 健全教学评价

在构建基于微信平台的英语教学模式的过程中，英语教师还不能忽视其中的一个重要问题，那就是建立基于微信平台的教学评价体系，只有建立了完善的英语教学评价体系，英语教学的效果才能有所保证。传统英语教学评价比较重视对学生的学习结果进行评价，并不重视学生的学习过程，因此，教师应该利用微信平台对学生进行过程性评价。可以借助微信平台将学生的学习阶段划分出来，或者是将学生每一个知识点的学习情况总结出来，这样，就能对学生的某一个学习阶段或者某个知识点的学习情况进行评价。学生的线上学习表现只是能反映其学习情况的一部分，学生的学习情况还包括其线下课堂学习，因此，教师在对学生的学习进行过程性评价时，还应该关注其线下学习情况，对其线下学习情况也要进行评价。综合了线上学习评价结果与线上学习评价结果，教师就能从整体上把握学生的学习情况，并根据学生学习过程中的不足调整教学方案，这样，教学质量就能有所提高。从上述分析可知，基于微信平台所构建的英语综合评价体系不仅能进一步完善英语教学评价体系，而且还能促进新型教学模式的构建。

第四章 英语生态化教学模式构建

随着全球化进程的加速推进,英语传统教学模式已无法满足学生的英语学习需求。顺应计算机网络技术的发展,英语教学需要整合网络教育资源来建立一个统一、和谐、有机的生态化教学模式。在信息化技术背景下,英语教学生态模式的构建有利于提高英语教学质量和学生语言综合运用的能力是英语教学可持续发展的关键。本章首先分析了英语生态化教学模式构建的理论基础;其次,论述了英语生态课堂的结构、特征与功能;再次,探讨了信息化背景下英语课堂生态的失衡现象;最后,探索了信息化背景下英语生态化教学模式的重构。

第一节 英语生态化教学模式构建的理论基础

一、生态语言学

(一)语言生态

"语言生态"概念自 20 世纪 70 年代提出以来,其含义已经超出隐喻意义,衍化为一种语言观。语言生态观把语言及其环境视为一个开放的生态系统,把语言多样性与生物文化多样性的依存关系作为基本理论出发点,并强调语言多样性对人类生存与发展的必要性和重要性。"语言生态"即特定语言与所在族群、社会、文化及地理环境相互依存、相互作用的生存发展状态,就好像自然界特定生物和非生物的生态系统。自然界中特定的生物群落需要有合适的生态环境才能生存,比如,高山雪莲、极地生物、热带雨林、深海生物等等各生物群落各得其所，离开各自特定的生态环境则不能生存，就像鱼不能离开自然水一样。同理，特定的语言也需要在特定的人文生态环境中才能健康发展。

但是，自然生态环境常常因为某些生物的过度发展或来自外部的干扰而导致生态失调，人文生态环境中的语言也存在发展失调现象。在多种语言并存的人文环境中，强势语言常常凭借着其使用者在政治、军事、经济、文化上的主导地位和绝对优势，有意或无意地取代弱势语言本来已经很狭小的社会交际职能范围。自然灾难、种族灭绝、种族冲突、殖民战争、文化奴役、同化政策等等往往导致一些人口稀少的语言使用者群体放弃或被迫放弃他们的语言。所有这些，结果都将导致语言文化生态的天平向强势语言一边倾斜，使弱势语言面临生存的危机，最终破坏语言生态的平衡。

(二) 生态语言学的基础理论

生态语言学，又称语言生态学，是由生态科学和语言学相结合而形成的语言研究领域。生态语言学着眼于语言生态和语言与环境的相互作用，体现了将语言系统复归于自然生态系统的认识观。它的产生既是建立人类与自然新型关系的需要，也是语言学价值的自我完善。总之，生态语言学把语言视为生态系统不可分割的组成部分，主张从语言与外部环境的相互依存和作用关系出发分析研究语言。而语言系统本身也是一个开放的生态系统，它与生态系统具有类似的同构关系。

在生态语言学的学科概念提出后，众多语言学者借鉴基础生态学原理深入探讨语言子系统、语种、语族的生态性质，阐明了以下生态语言学的基础理论。

1. 语言物种属性

语言只属于人类，人类是唯一具有语言专门化功能的生物学基础的物种，动物的交际信号与人类语言的复杂性不可同日而语。洪堡特（Humboldt）与乔姆斯基（Chomsky）已从不同角度论证了上述语言和人性的关系所存在的生物学和发生学基础。刘焕辉对语言作为人类的一种先天性的物种属性及人类语言能力的生物性与社会性之间的关系做了这样的阐述："语言是人的理性的自然产物。它从人的原始的自然状态中产生，并作为一种法则决定着思维力量的功能。"[①] "语言作为人类的一种'物种'特征，不仅在生物学的平面上得到肯定，更在社会学的平面上获得了更为深广的内涵。人只有当他不仅是一个生物学意义上的人，而且是一个社会学意义上的人的时候，他才有运用语言进行交

---

① 刘焕辉. 言语交际学基本原理 [M]. 南昌：江西教育出版社，1997：731.

际的内在冲动。"①

2. 语言生态系

多样生物相互作用，相互渗透，构成生机勃勃的生命世界。丰富多样、异质性强的生态系是最强劲的生态系。物种稀少、生态系统失衡的生态环境则极为脆弱。人为破坏导致的物种急剧减少进而酿成生态危机的教训是极为深刻的。语言生态系则是多种语言共存并与社会环境相互作用的动态平衡体系。其最显著的特征是语言的多样性，语言的多样性包括语种、词汇、语用形式的多样性。健全的语言生态系对于语言的生存发展具有重要意义。物质世界与文化观念的千差万别，必然要求作为信息交流工具与民族文化载体的语言种类是多种多样的。众多语种并存才使得世界上丰富多彩的民族文化得以保存流传。要建立世界新秩序就必须尊重各民族的语言人权，尊重各民族使用自己语言的平等权利。同时，唯有保持语言多样性，使语言材料丰富多样，言语形式创新发展才能适应社会日新月异的信息交流需要。

二、生态学理论

（一）限制因子理论

限制因子理论主要涉及限制因子、生态幅等概念和最小因子定律、耐受性定律和最适度原则。

1840年，德国农业化学家利比希（Liebig）在研究各种化学物质对植物的影响时发现，作物的产量往往不是受其大量需要的营养物质的限制，而是受那些作物需要而土壤中又极为稀少的营养元素的限制，如果及时施以这种稀少的营养元素，在其他条件不变的情况下，作物产量会有明显提高。经过进一步的研究，利比希得出了一个结论：植物的生长取决于环境中那些处于最小量状态的营养物质。利比希对这种规律的认识被称为最小因子定律，处于最小量状态的物质就是影响植物生长的限制因子。

1954年，奥登（Auden）发展了限制因子的概念，将其外延扩展到"达到或超过生物耐受限度的因子"②。1965年，赖特（Wright）又指出：当生态因素缺乏时，或在低于脑界线，或超过最大忍受度的情况下，都会起限制因子的作用。在这些认识的基础上，1913年，美国生态学家谢尔福德（Shelford）提出了耐受性定律，即：任何一个生态因子在数量上或质量上的不足或过多，即

---

① 申小龙. 语言学纲要 [M]. 上海：复旦大学出版社，2003：7.
② 国安，周详，潘慧. 教育心理学 [M]. 天津：南开大学出版社，2014：191.

当其接近或达到某种生物的耐受限度时,都会影响该种生物的生存和分布。每一种生物对任何一种生态因子都有一个能够耐受的范围,即有一个最低点(耐受下限)和一个最高点(耐受上限),最低点和最高点之间的耐受范围就称为该生物的生态幅;生态幅当中包含着一个最适区和两个耐受区。在最适区内,该物种具有最佳的生理或繁殖状态,而在接近耐受下限和上限的两个耐受区,生物的生长往往不太理想。①

结合最小因子定律和耐受性定律,限制因子的概念可以表述为:当生态因子(一个或相关的几个)接近或超过某种生物的耐受性极限而影响甚至阻止生物生存、生长、繁殖、扩散和分布时,这些因子就成为限制因子。

随着教育生态学研究的开展,限制因子、最小因子定律和耐受性定律已被运用到对教育生态的研究中。耐受性定律从某个环境因子的度和量的角度分析其对生物体的影响,这对探析教学问题背后的原因及科学合理地配置教育资源都具有指导意义。

(二)最适密度原则

自然界中任何物种的个体都难以单一地生存于地球上,生物个体基本都会在某一时期与同种及其他种类的许多个体联系成一个相互依赖、相互制约的群体才能生存,这是基于适应性特征的集群。不同种群群聚的原因可能有所不同,有的是生殖需求,有的是遗传的本能,有的是趋光性、趋湿性等习性使然,有的是被动运送的结果,如风吹、水冲等。种群群聚的时间也各有不同,有的是临时性集群,有的是季节性集群,有的是永久性集群。

集群的生态学意义包括:一是有利于提高捕食效率;二是可以共同防御敌害;三是有利于改变小生境;四是有利于提高学习效率;五是能够促进繁殖。集群效应只有到足够数量的个体参与群聚时才能产生,如果数量太少,低于集群的临界下限,则该动物就难以正常生活和生存,此所谓"最小种群原则"。是否是数量越多越好?生态学观察发现,如果密度过高,由于食物和空间等资源缺少,排泄物的毒害及心理和生理反应,则会对群体带来不利的影响,导致拥挤效应和死亡率上升。生态学家阿里(Ari)在大量实验的基础上,概括了种群密度与存活率之间的相互关系,提出了最适密度原则,又称阿里氏原则。他认为,种群密度太低或太高都会对种群的增长起着限制作用,只有在一定的条件下,当种群密度(数量)处于适度大小时,种群的增长最快。②

---

① 胡荣桂,刘康. 环境生态学 [M]. 武汉:华中科技大学出版社,2018:283.
② 王新然. 英语教学与语境的研究 [M]. 长春:吉林大学出版社,2016:177.

三、教育生态学

（一）教育生态环境

对不同的生物个体、群落等能产生影响的因子组成的整体就是生态环境。教育是一个有着不同层次的结构，它能与周围的生态环境产生联系，进而与其一起构成教育生态系统。所有的事物都能与其他的一些事物产生关联，教育也不例外，它能与其周围的生态环境产生紧密的联系，并且能与它进行能量与信息的交换。教育生态学将教育生态环境看作是重要的研究内容，其中，相比其他的教育生态环境，校园环境是近些年来学者们关注的研究重点。根据不同的标准，学校生态环境可以有不同的分法，从教育生态主体的角度对其划分，可以将其划分为两个部分，一部分为学生的生态环境，另一部分为教师的生态环境。不过，笔者在这里需要指出是，对个体所处的生态环境进行研究，不应该仅仅研究其所处的自然与社会环境，而且还应该研究其所处的心理环境。

（二）教育生态系统

教育生态系统就是一种教育生态学单位，是一种教育可以与其周围的自然、社会生态系统进行流向与信息交换的系统。根据构成要素的不同，笔者认为可以将教育生态系统划分为两个部分，一部分为外部生态系统，组成这一生态系统的要素相对比较复杂，主要包括政治、经济与文化等要素；另一部分为内部生态系统，组成这一生态系统的要素相对比较简单，也易于理解，主要包括教师、学生、管理、科研和后勤。在这五个要素中，与其他的要素相比，教师的地位更加突出，它是把握教学活动轨迹的关键，是保证教学资源得以被挖掘与利用的关键。

（三）教育生态平衡

生态平衡与生态系统是教育生态学原理中的重要内容。教育生态系统在运转过程中会出现平衡或者不平衡的问题，这种情况可以通过许多方面表现出来，不仅可以通过系统功能、结构表现出来，而且还可以通过教育投入、人才产出等不同的方面表现出来。社会中的某些能量与信息被输入教育系统之后必然会引起教育系统的变化，这就导致教育系统与社会外部环境出现失衡问题。为了维持二者的平衡，笔者认为教育系统应该从自身特性出发不断对内部的结构予以调整，从而使所有的因子都能将自己的作用最大化地发挥出来，这样就能为社会输出其所需要的优质人才,同时还可以将人才培养信息反馈给社会,让社会对人才培养问题有更加清楚的认识。不同的教育形式在教育生态系统中的比例也是不一样的,其具体的比例如何其实也能反映出教育生态系统的平衡情况,从这里可以看出,要维持教育生态系统的稳定就必须要保持教育的多样性。

第二节　英语生态课堂的结构、特征与功能

一、英语生态课堂的结构

结构一般包括组分与关系两种含义,前者反映的是结构由什么要素构成,后者反映的是结构以什么样的关系存在。可以说,如果要将一个生态系统的功能完成地体现出来,不仅需要借助组分,而且还需要借助结构。对于生态系统来说,其是存在基本结构的,这里的基本结构包括两大部分,一部分为营养结构,它是一种具有明显的抽象性特征的结构,主要由生产者、消费者、分解者组成;另一部分为形态结构,系统内部的各种配置、颜色与质地等都是其构成要素。不同的生态系统中存在的生物种类与个体也是不同的,正是因为如此,其生态环境的构成也不一样。但外部形态会因为营养结构的影响而呈现出不同的外部形态,从而促使不同的生态系统产生了,尽管这些生态系统是不一样的,但是如果从抽象层面上来看,它们具有相同的基本结构。以生态系统功能的差异性为标准,可以划分出三大类群,分别为消费者、分解者和生产者,它们也是生态系统的基本功能类群。

英语课堂生态系统与自然生态系统在构造上存在共性,也有着生态主体与生态环境,前者指的是教师与学生,后者指的是英语课堂生态环境。课堂生态环境不仅包括可见的学校环境、教材等,也包括不可见的师生关系、教学方法等。其实,这些要素都是英语课堂生态系统的组成部分,它们共同作用、相互影响,共同构成了一个完整的英语课堂生态系统。教师与学生是这一系统的基本营养结构,教师是生产者,学生是消费者,教师将自己掌握的专业知识、人生经验等传授给学生,学生接收、内化这些知识之后需要将自己的学习情况反馈给教师。

教师、学生与课堂环境是英语课堂生态系统的主要组成部分,它们能分别

发挥自身的作用，同时也能与其他的要素产生联系，从而发挥合力作用。可以说，要实现教师与学生的共同成长，就需要使教师与学生与其他的要素形成和谐的关系。这里必须要指出的是，教师当然是知识的生产者，但他们并不是唯一的生产者，在某些特定的条件下，学生也能提供知识，比如他们利用互联网平台搜集各种学习资源，并将这些资源分享给其他同伴。与此同时，教师的角色是多重的，他们既能生产知识，也能消费知识，他们可能从学生那里学习到一些新颖的知识。可见，无论是教师还是学生，我们都不能片面地认识他们的身份。

在认识英语课堂环境时必须要从以下三个方面对其进行认识：第一，从结构方面上来看，课堂环境主要由哪些生态因子构成。这里笔者需要强调的是，课堂环境的构成因子是多种多样的，我们比较熟悉的课堂桌椅布局、教材等都是课堂环境的构成因子，而且教师使用的教学理念、方法等也都是课堂环境的构成因子。此外，在社会生态系统中，人也是一个环境要素，从这个意义上来说，在特定的条件下，教师与学生也能对课堂环境起着一定的作用；第二，从关系方面上来看，课堂生态环境中的所有因子之间是存在交互关系的，这些交互关系主要表现为教师的情感态度、学生的情感态度、师生之间的关系、师生与环境的关系等。正是这些交互关系的存在，课堂生态环境才能得以被优化，才能在英语教学质量提升方面发挥作用；第三，从文化方面上来看，这里的文化主要的指的就是能对课堂生态系统的改进发挥作用的文化，主要为学习氛围、规章制度等。通过上述分析，我们可以清楚地知道，不仅是教师的教学活动，而且是学生的学习活动，都可以对英语课堂环境产生影响。

分析了课堂生态要素之间的关系是把握英语课堂生态系统的基础这一问题，同时，还应该对课堂生态要素的动态结构予以把握。应充分利用过程论，对不同的生态因子的演变情况进行分析，找出它们对英语课堂生态结构产生的影响。课堂生态结构处于动态变化中，这也导致教师在实际的教学中会选择不同的教学模式。

英国教育专家查理斯·华特金（Chris Watkins）对课堂系统进行了详细的分析，并且指出了课堂系统的六大要素，分别为任务、目标、角色、社会结构、资源、时间和步调。在探究的过程中，他甚至还发现了以下三种课堂生态：第一，讲授式课堂生态。这是一种将教师看作教学中心的课堂生态，课堂中的信息与能量都是由教师掌握的；第二，建构式课堂生态。这是一种以建构主义为理论基础的且围绕学生进行的课堂生态，课堂中的信息与能量一般为学生所掌握；第三，共建式课堂生态。相比前两种课堂生态，它是一种将教师与学生都看作教学主体的课堂生态，旨在实现教师与学生的共同进步，因而是一种比较理性的课堂生态。[①]

这三种课堂生态有着自己的优势与劣势，在教学中，教师可以根据教学内容的实际情况合理选择，也可以将其综合起来使用。

二、英语生态课堂的特征

（一）生命性

生态的特点有很多，其中一个根本的特征就是生命性。英语课堂应该是一个充满活力的课堂，是一个教师能将自己的生命价值体现出来的课堂，也是一个学生学习英语知识、形成正确价值观的课堂。经过梳理，笔者认为英语课堂的生态性根本上还是通过其生命性体现出来。

第一，在英语课堂中，无论是教师，还是学生，他们都是有生命的个体，是教学活动中的主体，是与课堂中的那些"物"不一样的人。

第二，英语课堂教学活动的开展是依靠教师与学生的生命系统实现的，也就是说，教师与学生的存在才让英语教学活动顺利开展。

第三，英语课堂总是为浓浓的人性色彩所包围。教师与学生都有着自身丰富的情感，在课堂教学中他们的情感与智慧能发生碰撞。英语课堂所展现出来的不是工具性的交流，而是一种充满人性关怀的交流。

第四，英语课堂教学是一种能促进教学主体生命发展的活动。英语教学的目的有很多，但要说到终极目的，笔者认为应该是追求教学主体的生命发展，也就是要实现教师与学生的生命发展。

对于英语课堂教学来说，生命不仅仅是它的开始，而且还是它最终的追求。

（二）动态平衡性

生态平衡就是一种在生物系统中不同的物种之间能够形成的一和谐、统一的状态，它们形成的这一状态是需要生态系统中的能量流动、物质循环和信息传递实现的。生态平衡并不意味着生态系统的持续稳定，相反，它是处于动态变化中的，是需要人为干涉的，人为干涉之后，整个生态系统将会处于最为稳定的状态，同时，其功能也会得到最大限度的发挥。生态系统总是在平衡与不平衡之间反复交替，也正是因为如此，生态系统才能实现新的进化与发展。

[①] 魏华.大学英语生态课堂与生态教学模式的路径探索［M］.南京：东南大学出版社，2018：35.

其实，英语课堂系统与自然生态系统是存在共性的，它也是处于动态发展中的，在不断的发展中谋求平衡。

第一，英语课堂是教师与学生进行信息交流的场所。英语课堂的平衡表现为英语教学中存在的问题得到了很好的解决。在英语教学主体之间进行信息交流的过程中，矛盾是不可避免的，但教学主体会共同致力于找到问题解决的办法，当问题解决之后，整个英语课堂就会进入平衡的状态，也就是教师与学生之间的关系和谐状态。英语课堂教学就是一个不断发现问题、解决问题的循环往复的过程。

第二，从英语课堂自身层面上来看，它所反映出来的是自身的发展，不过，笔者需要指出的是，这种发展是需要在动态平衡中实现的。英语教学要发展就是要解决英语课堂不平衡的问题，英语教学中的各种要素是推动英语教学从不平衡走向平衡的关键，这里的因素不仅包括教师与学生，也包括教学环境等。

(三) 共生性

自然生物之间是存在共生关系的，这种关系存在两种表现形式，一种是互利共生，另一种是偏利共生。作为一个生态系统，英语教学也折射出了这种关系，具体表现在以下两个方面。

第一，可以从教师与学生的关系上表现出来，二者之间表现出的是一种互利共生的关系。在英语课堂上，教师可以将自己的专业知识、生命价值等体现出来，而这种目标的达成则需要教师通过对学生不断地指导实现。而学生接受了教师的指导，其才能获得综合发展。

第二，可以从学生与学生的关系上表现出来，在英语课堂上，学生的目的是一致的，就是要学好英语，因此他们之间是存在竞争关系的，同时，为了提升学习的效率与质量，他们也会展开合作，这又表明他们之间是存在合作关系的。从这里其实就能看出，学生与学生之间的关系是一种偏利共生的关系。

三、英语生态课堂的功能

(一) 优化结构的功能

一般来说，英语课堂生态基本结构一旦定型就很难发生改变，它主要由两部分组成，一部分为课堂生态主体，另一部分为课堂生态环境。这两个部分在英语课堂上生态中都有着自身的角色与任务，前者主要包括教师与学生，教师的主要任务就是向学生讲授英语知识——生产知识，学生的主要任务就是学习并深化这些知识——消费知识；后者在教师生产与学生消费知识的过程中主要发挥的是媒介作用。促使英语课堂生态主体与英语课堂生态环境和谐发展的重要因素就是教材，教师可通过教材总结教学内容，学生可通过教材完成对英语基础知识的学习。不过，在"急促"的时代脚步之下，在学生英语学习需求不断变化的当下，传统英语课堂的格局已然被打破，教材并不是成为教师总结教学内容、学生学习英语基础知识的唯一载体，现在，他们更喜欢借助网络实现自己的目标。过去，在英语传统课堂上，学生比较被动，他们所学习的知识一般都源自教师，但现在借助网络，他们可以完成自主探究活动，且学生之间也可以相互学习，更为重要的是，英语课堂生态环境被优化之后也能发挥出自己的教育功能。学生的角色也悄然发生了转变，他们不再仅仅是英语课堂上的被动吸收知识的人，而是成了在知识的海洋中不断探索与创造的人。可见，英语课堂生态因子在生态理念的"推动"下已经改变了原有的样子，课堂生态也因此发生了变化，开始由传统型向着建构型、共建型等不同的方向发展，正是这样的多样化发展才让英语课堂生态变得更加平衡。

（二）调谐关系的功能

在英语课堂生态构成要素中，教师与学生的关系是不容忽视的一个要素，不过，笔者必须要强调的是，这一要素比较特殊，它是流动的，是能随着教学活动的具体发展而发生变化的。英语生态课堂重视的是教师与学生之间应该加强互动，同时鼓励学生应积极参与课堂教学，可见，英语生态课堂旨在追求的是一种新型的师生关系。传统的英语课堂中，教师与学生的关系模式是一种二元对立模式，这一模式重视主体间性，认为教师与学生、学生与学生、教师与教师之间应该进行多元的、深层的互动。教师与学生的交互不可避免地会存在情感层面上的交流，正是因为如此，师生所流露出来的情感信息才能在彼此之间流动，才能形成更具动态感的情感网络。教师与学生的情感之间是可以对彼此产生相互影响的，教师会用自己的情感影响学生的学习，学生也会用自己的情感影响教师的教学。教师与学生就是在不断的情感交流中认识自我与他人，从而更加和谐的师生关系也就形成了。

（三）生态育人的功能

说到生态系统最根本的功能，笔者认为应该是提升生产力，而对于英语课堂生态来说，其根本的功能就是要培养人才。认识英语课堂生态育人可以从以下三个方面进行：第一，生态主体是可以一起成长的。对于英语生态英语课堂来说，和谐共生是其根本属性，旨在鼓励教师与学生能都能彰显自己的生命价值，都能实现自我的发展；第二，生态主体追求均衡发展与可持续发展。在传统英语课堂上，学生毫无个性可言，它们就像是生产线上的产品，是被批量生产的，教师只是一味地向学生灌输英语基础知识，并没有意识到提升学生能力与丰富学生情感体验的重要性。在信息时代下，英语课堂生态更加关注的是学生的个性发展，认为所有的学生都是存在差异的，都是需要将自己的个性展示出来的。这里的可持续发展就是要培养学生终身学习理念，使其能在不同的人生阶段都能自主学习；第三，育人方式也表现出明显的生态特征。对于所有的教育活动来说，育人都是最为根本的任务，因此，英语课堂生态同样也将育人当作其根本任务。不过，英语课堂生态的育人是一种生态育人，更加重视育人方式的科学性，鼓励教师运用更加先进的育人理念培养学生。

英语生态课堂与传统的英语课堂并不一样，它十分推崇学生主观能动性作用的发挥，认为所有的学生不应该将教师看作是知识权威，而是应该有自己的自主意识，能根据自己的学习情况去安排自己的学习计划，不断培养自己自主学习能力。[1] 可以看出，英语生态课堂是一种与传统英语课堂十分不一样的课堂，它追求的主要形态有两个，一个是建构式，另一个则是共建式。

系统功能的发挥是靠两个因素支撑的，一个是系统的结构，另一个则是系统的环境。一般情况下，系统整体上是呈现出稳定的结构的，但必须要指出的是，系统的外部环境并不会维持不变，会发生相应的变化，同时，当外部环境发生变化之后，系统内部也会随之发生变化，这样，系统内外部的信息就会实现交换。可以说，相比系统结构，系统的环境因素变数更大。英语课堂生态系统与一般的系统之间存在的共性之一就是其结构也是相对稳定的，但不可避免地是，当英语课堂教学环境发生变化，英语课堂生态的平衡就被打破了，英语课堂生态系统中的某些因素就会趁机发生"病变"。

(四) 促进演化的功能

生态系统要运转不仅要靠内部各要素之间的相互作用，而且还要依靠系统内外部信息、物质与能量的交换。课堂生态与自然生态有着明显的差异，后者的运转能量来自太阳，但前者的运转能量则来自师生间的交互、课堂外部环境。师生间和谐的关系、教师所使用的高效的教学方法、优质的教学资源等都能促进英语教学的发展。英语课堂生态系统中的信息主要有两个来源，一个是

---

[1] 刘长江. 信息化语境下大学英语课堂生态研究 [M]. 北京：世界图书北京出版公司，2014：69.

教师对自己搜集的学习资源的转化，另一个是英语课堂生态系统自身的创造。在英语课堂生态系统中的能量与知识不断增加的同时，系统内部形成了各种信息流，就是在信息流的推动下，英语教学环境得到了优化，系统也实现了平稳运转。

第三节　信息化背景下英语课堂生态的失衡现象

一、结构上的失衡

结构与功能有着十分紧密的关系，前者是后者实现的基础，是后者协调的依据，能将不同元素之间的有序性与组织性彰显出来。英语课堂生态系统经过多年的实践，其结构已经相对比较稳定，各生态因子也处于和谐的关系中，即便如此，笔者也需要指出，英语课堂生产力却存在着减弱的问题，甚至它的一种惰性开始慢慢显现出来。尤其是教育信息化的实施，更是让英语课堂生态中的环境因子遭受了猛烈的冲击，发生了十分显著的变化，这种变化主要体现在两个方面。

1. 系统组分在构成比重上的失衡现象

论述这一问题是从量变层面上出发的，是对英语课堂生态系统中的不同组分所占的比重的变化情况进行探讨的。还需要强调的是，这里的"量变"是与根本性的质变不一样的，它反映的是程度上的不断加深。在英语课堂生态系统中，所有的生态因子在稳定自身的同时也是相互影响的，当外部的某一个因素强势介入之后，该系统必然会发生相应的变化。比如，现代信息技术进入英语课堂生态系统就导致系统的变化，同时也给系统提出了新的要求。通常情况下，课堂生态系统的结构是稳定的，但系统要发展就需要不断调整自己的结构，而这种调整最先是在各个组分的连锁量变上反映出来的。信息技术在英语课堂生态中的应用让信息技术与其他生态因子在英语课堂生态系统中的比例出现了严重的失调，不少生态因子根本招架不住信息技术的冲击，变化缓慢，与信息技术的联动效应迟迟无法显现出来。

当前，教育信息化改革如火如荼地开展着，不少高校都力争将信息技术应用在英语教学中，旨在从整体上提高英语教学的水平与质量。但需要注意的是，现代信息技术在英语课堂生态系统中的应用应该是有一个度的把握的问题的，一旦应用过量就会导致系统中的环境因子发生变化。英语课堂生态系统中的所有因子之间是相互影响，当环境因子发生变化时，其他的因子也应该积极响应，但笔者必须要指出的是，其他的生态因子并没有做出相应的变化。教师没有改变自己传统的教学观念、没有提高信息素养的意识，学生也没有转变自己的学习方式，等等。正是因为如此，在信息技术介入英语课堂生态系统之后，系统就出现了不协调的问题，这种不协调当然会影响英语课堂生态教学的质量，同时也会对信息技术在英语教学中的作用发挥产生影响。

2. 系统组分在交互关系上的失衡现象

对课堂生态系统中的不同组分之间的关系进行分析，就会发现它们之间其实是存在着纵横交错的网状结构的。信息技术在英语课堂生态系统中的介入导致了系统中的其他要素之间的平衡关系被打破了，教师、学生、教学内容、教学方法等不同因子之间的关系出现了明显的不和谐问题。教师与学生在面对信息技术时产生了不同的目的，教师就是要利用信息技术优化英语教学，而学生利用信息技术并不是为了迎合教师的教学，而是想要提高自己的学习效率。很明显，从目的层面上来看，教师与学生之间存在着明显的差异。英语课堂生态教学强调教学活动应该围绕学生开展，应该重视学生自主学习能力的培养，但在不少学生看来，他们的知识应该由教师灌输，这能节省他们的学习时间，自主学习是一种浪费时间的学习方式，他们并不推崇。在英语教育信息化过程中，教师与学生之间的交流互动更加容易，但同时也存在着一些交流不畅的问题，这都应该引起教师与学生的注意。

3. 系统内部在营养结构上的失衡现象

在信息技术介入英语课堂生态教学的过程中，英语课堂生态系统的营养结构也出现了失衡的问题，这种失衡主要可以通过师生生态角色异位上体现出来。在英语生态课堂中，教师依然保留着自身传统的生态角色，其新的生态角色——消费者与分解者并没有得到加强。同时，一直以来学校都比较关注学生的培养问题，并没有对教师的专业化成长予以重视，但教师是学生学习的指引者，在学生学习活动中扮演重要角色，因此，教师的专业化成长应该受到重视。这就要求教师要转变传统教学理念，正视自己的新角色，运用自己的新角色提升英语教学质量。

此外，英语课堂生态系统的营养结构失衡还可以通过输入与输出的失调上反映出来。第一，方式出现了失调的情况。这种失调表现为教学媒体的泛化，表现为传统教学的"单条单向高速公路"与生态课堂的"多条双向高速公路"产生了矛盾。有些教师并没有认识到多媒体的使用是存在一个度的问题的，因此在实际的应用中，有些教学内容没有必要使用多媒体教师依然使用，这就使学生的想象空间被进一步压缩，非常不利于其知识的建构。其实这里也可以看出教学媒体的使用并不是多多益善的，合理最为恰当。第二，内容出现了失调的情况。从当前的英语课堂教学来看，课堂教学内容已经发生了异化，它应被异化为考试内容。教师在教学中依然以考试的要求进行知识的讲解，这就让英语课堂教学变了味，已经变成一种考试的提前模拟。学生每天从教师那里接收到的知识都是一些需要死记硬背的内容，教师并没有给学生提供大量的语言实践活动，这导致学生的英语综合应用能力没有获得应有的培养。

二、功能上的失衡

1. 结构优化功能的失衡现象

系统与集合是不一样的，集合只是简单地表示所有的人或物被聚集在一起，但系统却不一样，它的各个元素不仅被聚集在了一起，而且各元素之间还能相互影响、相互作用。这些元素之间不断产生的作用力让所有的元素趋于稳定、和谐，也让整个系统平稳运转。对社会生态系统进行分析，可以发现，生态主体的能动性很强，当系统出现了失衡的问题时，生态主体就能非常迅速地促使系统恢复平衡，相反，系统的结构优化功能就会被减弱。

在信息技术被应用在英语生态课堂教学中时，英语课堂生态就出现了结构优化功能减弱的问题。在信息技术没有介入英语课堂生态之前，英语课堂生态系统相对比较稳定，但当信息技术被大量应用在英语教学中时，这种课堂生态显然被打破了，出现了失衡的问题。甚至信息技术已经"打败"了其他生态因子，开始在英语课堂生态系统中发挥主导作用，它的这种扰动让英语课堂生态系统无法承受，促使其他的生态因子发生相应的变化。这一变化不可能在短时间内消失，正是因为如此，英语课堂生态系统的结构优化功能减弱问题也是无法在短时间内解决的。

2. 关系调谐功能的失衡现象

英语课堂生态系统中的协调功能呈现了减弱的问题，这可以从各个因子之间的关系出现不和谐的情况反映出来。笔者经过梳理，对这种不和谐的关系作了以下的分析。

第一，传统教学观念与英语教学改革理念上出现了失谐的情况。不少英语教师已经习惯了原来的英语教学观念，不愿意接受新的教学观念，因而在英语课堂生态系统中出现了不少矛盾，表现为教师对学生的不满、教师对课堂环境的不满等。

第二，英语信息化教学改革的力度与课堂生态主体的现实能力之间出现了失谐的情况。信息技术在很大程度上改变了英语教学的面貌,尽管它也会在某种程度上阻碍英语教学的发展,但从整体上来看,其积极意义是要大于其消极意义的。因此,这次的英语信息化教学改革的力度很大,同时也给课堂生态主体提出了信息素养的要求。但对当前教师与学生的信息素养水平进行分析,就会发现,教师与学生的信息素养明显无法满足英语信息化教学改革的要求,例如,教师在信息素养提高上没有很大的积极性,学生没有提高信息素养的意识,等等。

3. 生态育人功能的失衡现象

对于一个普通的生态系统来说,提升系统的生产力应该是其最根本的功能,这一功能反映在英语课堂生态教学中,其根本功能就是培养人才。这里培养的人才并不仅仅指的是培养学生,而且还包括培养教师,也就是要促进教师的自身发展。传统的英语教学培养出的英语人才往往有着扎实的英语理论知识,但其应用能力明显不强。英语信息化教学改革就是要解决这一问题,通过建立信息化生态英语课堂的手段,为学生营造更加和谐的学习氛围,使其能在学习英语理论的过程中,不断提升自己的英语综合应用能力。笔者必须要承认的是,当前的英语教学改革确实解决了不少英语教学问题,但英语课堂生态的育人功能其实并没有真正被发挥出来,这可以表明英语课堂生态系统并没有在信息环境下达到一个平衡状态。

第四节　信息化背景下英语生态化教学模式的重构

一、信息化背景下英语生态化教学模式的重构原则

(一) 人本性原则

人本性就是要坚持以人为本的理念。英语课堂生态重构的过程中,教师不能只是关注自己的教学愿望,而是应该秉持以人为本的理念,针对学生的学习需求制定教学计划,选择教学内容与方法。也就是要将学生看作是教学的中心,加强与学生的互动,并与之形成和谐的师生关系。

坚持以人为本就是将学生放在教学的中心位置,确立新的育人目标——培养"完整的人"。这里的"完整的人"指的是一个人必须要这在身体、心理、

情感等多个方面的发展达到一定的水平，能成为一个知情合一的人，能运用自己的知识改变社会的人。建立和谐的英语课堂生态，需要在诸多方面做出努力，不仅要在课程设计、教材编写方面做出努力，而且还要在师生关系建立、教学评价等方面做出努力。在这些方面做出努力之后，学生就能从不同的方面获取知识，这样，其心智水平就能获得提高，也能培养健全的人格。

围绕学生开展英语教学活动就是以人为本理念的最好诠释，同时还能通过确立学生在学习中的主体地位反映出来。在实际的教学过程中，教师必须要对学生形成准确的认识，了解其在英语习得中的主体作用，同时要承认并突出他们的学习主体地位。具体来说，教师不应该为传统英语教学观念所缚，应该尽自己最大的能力为学生创设优质的学习环境，不断提高学生的主体意识，充分激发其学习积极性，引导其形成科学的学习方式、养成良好的学习习惯。教师要对学生有信心，相信他们在学习活动中能产生自己的创造，能改变自己过去被动的学习方式，能自觉激发自己的学习主动性。总之，教师必须要适当"放权"，让学生可以在英语学习活动中占据主要地位，能使其自主决定自己的学习活动。

以人为本的教学理念要求教师在英语教学中应该坚持个性化教学。生态系统有着明显的物种多样化特征，反映在英语生态课堂上就是要保持学生的个性。基于此，重构英语生态课堂就是教师要进行个性化教学，要尊重学生的个性，并促进学生的个性化发展。现在人类已经步入信息时代，信息技术在不同的领域已经实现了广泛的应用，英语教师应该合理地将信息技术引入英语教学中，借助信息技术满足不同学生的需求，开展个性化教学。个性化教学是一种能帮助学生进行知识个性化建构的手段，同时还能提升学生的综合能力，促进其自我价值的实现。具体来说，教师应该实现信息技术与英语课堂教学的有效融合，要将信息技术应用在英语课堂教学的每一个环节中；要借助信息技术不断丰富自己的教学角色，使自己逐渐从英语课堂权威向管理者、引导者转变；要摆脱传统单一教学方法的限制，积极鼓励学生参与英语课堂教学；要根据学生的特点、需求进行针对性教学，强化学生的学习优势，弱化，甚至消除其学习劣势。

(二) 整体性原则

认识整体性原则，笔者认为可以从理论与实践两个方面进行。

从理论层面上来看，英语课堂生态系统中的各个因子之间是相互作用的，它们共同维持了英语课堂生态系统的运转。教师、学生与课堂教学环境是英语课堂生态系统中的主要因子，相比其他因子，它们所能发挥的作用更大一些。

一直以来，学生的主体地位都没有得到应有的重视，但在英语课堂生态系统中，教师非常重视学生主体作用的发挥。此外，教师不能片面地认识学生，要将其看作是一个完整的生命体，不仅要对其进行英语知识的灌输，而且还要引导其形成正确的情感态度，形成正确的价值观，也就是要对学生进行生命教育。在英语课堂生态系统中，教师与学生是两大生态主体，其在系统中发挥的作用是不同的。教师在系统中居于主导地位，在开展教学活动的过程中应该以学生为中心，要关注学生的学习动态，同时还要了解学生的生活动态。学生会对英语教学的质量产生影响，这可以从其学习态度、兴趣上反映出来，如果其学习态度端正，对英语学习有着浓厚的兴趣，那么，其就会主动地参与英语教学，进而英语教学的质量就能有所提高。

从实践层面上你俩看，英语听力教学、英语口语教学、英语阅读教学与英语写作教学等实践教学内容共同构成了英语教学实践系统。

（三）生态性原则

利用生态学研究手段、以生态学理论为依托，研究英语课堂生态失衡问题，这就是生态性原则。

遵循生态性原则去重构英语课堂生态，就是要求教师在生态视野下对英语课堂教学的本质进行剖析，把握英语生态教学的规律，同时还能灵敏地发现英语课堂生态教学中存在的问题。传统教育学将课堂看作是英语教学的唯一场所，课堂教学就是英语知识从教师单一流向学生的过程，课堂教学中的问题是能对英语教学效果产生诸多影响的问题。但是如果从生态的视角探究英语课堂教学，就会发现，它其实就是一个微观生态系统，在这个系统中，不同的生态因子相互作用，促成信息与能量的流动，以保证整个系统的平衡。而当英语课堂教学出现问题就意味着在系统的结构与功能出现了失调的问题。要在信息环境下重构英语课堂生态，教师就需要在引入信息技术的同时重新认识英语课堂的本质，了解英语课堂的生态属性，能发现英语课堂中的问题，并运用生态学理论对这些问题予以分析、解决。

坚持生态性原则还可以从利用生态学研究方法探究英语教学方面看出来。生态学已经成为一种对生物与环境之间的关系进行详细剖析的学科，且经过学者们的多年探索，它已经形成了相对完善的研究方法体系。与此同时，其研究的领域也在不断扩大，不再执着于在自然科学领域进行探究，而且还将探究的目光锁定在了人文社科领域，在发生这一转变之后，其研究方法也开始出现了层次性、系统性的特征。而利用生态学研究方法对教育问题进行探究其实是教育生态学的研究内容。教育生态学是教育学与生态学两门学科不断融合的结果，因而在研究方法上它也借鉴了这两门学科的研究方法，在运用教育生态学的研究方法研究教育问题时，主要就是将教育生态学的研究方法移植到教育问题中，分层次又系统地对教育问题进行探究。

生态学理论在英语课堂生态研究中的应用也是坚持生态性原则的一大表现。在信息技术不断被应用在英语课堂的过程中，英语课堂生态出现了明显的失衡问题，这不仅可以从其系统组分构成比例失衡上体现出来，而且还可以从不同组分之间的关系的失谐上体现出来。从功能层面上来看，英语课堂生态出现了明显的失衡问题，不仅包括结构优化功能的失衡，而且还包括关系协调功能的失衡等。如果想要很好地解决这些失衡问题，笔者认为必须要对英语课堂生态予以重构，同时还应该将生态学的理论应用在英语课堂教学中，使这些理论能成为解决英语课堂生态失衡的重要利器，这里的理论主要包括限制因子理论、生态链法则、花盆效应等。

（四）系统性原则

从系统层面出发，借助系统论与方法对英语课堂生态教学问题进行探究，这就是系统性原则。系统理论内容丰富，主要包括系统论、信息论、控制论等"老三论"和耗散结构论、协同论、突变论等"新三论"。同样，系统研究方法也比较多样，但最为经常使用的方法应该是"分析+综合"的方法，这是一种将分析法与综合法结合起来的新方法，能应用于分析系统的组分、功能等内容，也能从整体上对这些内容进行分析、探究。

英语课堂生态系统研究必须要坚持动态观点，也就是要将系统置于动态变化中，在系统的动态发展中找到其发展的规律，并能在其动态发展中灵活把握整体与部分的关系，进而使系统总体目标得以很好地达成。

英语课堂生态系统研究必须要坚持全局的观点，也就是不能将目光仅仅锁定在局部，应该从全局审视英语课堂生态，同时协调好全局与局部的关系。

英语课堂生态系统研究必须要坚持联动的观点，在这一系统中，所有的要素尽管独立存在，但它们又是相互影响的，一旦某一个要素发生变化，其他的要素也会跟着发生相应的变化，甚至整个系统也会发生变化。

二、信息化背景下英语生态化教学模式的重构路径

（一）注重信息技术的引领作用

首先，英语教学信息化进程要从政策上加大推进力度，使信息技术的引领作用得以有效发挥。为了有效推进英语信息化改革进程，教育部门采取了多种措施，出台了有关文件，制定了有关政策，这不但是英语教学改革的内外需求，也是教育信息化的必然要求。不过，这在很大程度上也扰动了课堂生态系统，造成失衡局面。要想使教学系统新的动态平衡得以实现，耗散结构得以形成，实现远离平衡区域下的课堂生态突变，结合课堂各要素的协同力量，就应该趁热打铁，继续采取相关措施来推进信息化教学改革。不过，在改革过程中，系统又处于一种线性区域的失衡状态，信息技术的引领作用也不易发挥出来。大部分学校不再那么坚持英语信息化教学改革的推进，究其原因，主要是部分主管领导过度解析系统失衡等教育改革反馈信息。必须强调的是，失衡也分为不同的程度：在接近临界点的区域系统因协同作用的合力最大化产生突变的结果即为较大程度的失衡；外力作用导致开放系统在线性区域周围产生带幅度的波动即为中等程度的失衡；根据时间的变化在线性区域开放系统取得的近平衡以及孤立系统临近非动态的平衡即为最低程度的失衡。而平衡是相对的，若要使系统新的平衡得以实现，应当在充分掌握对发展教育产生革命性影响的信息技术的基础上，认识到某一阶段产生的中等程度乃至较大程度的失衡是教学系统不可避免的状况，这时候就需要运用外部力量来进行主动干预以及发挥信息技术的引领作用。

其次，信息化教学的深层化、常态化的实现是信息技术的引领作用得以有效发挥的必然要求。虽然已经花了十多年的时间来推进英语信息化教学改革，但信息化教学的表层化、表演化倾向问题还是出现在部分教学中。工作推进方法的不恰当或者力度过小都会导致表层化倾向，它是相对于技术应用的层次、程度而言的。信息技术的重要作用不被充分了解就会出现表演化倾向，形式主义是其目的，而不是源于教学的生态化、有效性，它是基于动机而言的。如今，集中反思、相对缓慢发展及应用的高原期是英语教学信息化的处境。信息化英语教学的深层化、常态化是实现英语教学信息化可持续发展的必然要求。将信息技术有机整合到英语教学中去即为深层化，在时空上信息技术被广泛应用到教学中即为常态化。为使英语教学的效益、效率以及效果得以提高，重构课堂生态得以促进，在教育技术理论、教育学理论、外语教学理论环境下将信息技术整合到英语课程中，实现英语教育技术的转化并将其引领作用有效发挥到调整课堂生态功能与结构中去，促进粗放型发展到内涵式发展这一信息化教学模式的转换，是现代信息技术深层化、常态化应用的要求。

（二）对信息化课堂的生态功能进行有效恢复

系统的结构和功能是统一存在的，正常的系统功能可以稳定系统的结构，而稳定的结构可以充分发挥系统的功能。但是系统的功能比结构更容易受到环境的影响，所以也具有更大的可变性。系统的内部或外部环境变化会对系统结构产生干扰，甚至会削弱系统的功能引起变异，因此，结构和环境共同影响了系统的功能。英语课堂由信息技术作为主导环境因子，给系统的结构带来了非常大的变动，而系统结构的改变也影响了系统内部的各要素，不仅削弱了促进演化和生态育人的功能，也削弱了课堂生态系统优化结构和调节关系的功能。所以，重新调整系统结构，强化系统功能，优化系统环境，是重新构建英语课堂生态信息化的关键。

要使信息化英语课堂的生态功能得到恢复和平衡，就要充分利用失衡系统的自组织能力。外界环境对系统的控制和影响并不能阻碍系统本身具备的能力。但是，要完成系统的自组织过程需要满足一个前提条件，即这必须是一个远离平衡的开放系统。为了满足系统远离平衡这一条件，需要能量通过外部环境不断地向系统输入，使系统和它的元素处于一个非静态的过程。现代信息技术的应用使英语课堂满足远离平衡的系统这一条件，如要让系统合力，进入相对平衡的状态，就要保证英语教学信息化的多媒体设施投入使用，让信息技术成为这个环境的主导因子，拉动系统其他部分在这个空间里进行移动。另外，教师还要通过主动的控制和调节来解决教学生态中的失衡问题，不能过于被动。

要恢复英语课堂生态功能和实现课堂生态的再平衡需要恢复课堂生态机制。保持和重建理想状态的系统结构和功能是课堂生态机制的主要目标，恢复过程中把调控者设定为课堂生态主体，运用课堂生态系统中一些影响因子的特性，并对这些影响因子进行调控。但是，在运用和调控之前，要先了解这些影响因子的特点和作用方式，采取"认知—调控—获取反馈—再调控"的方法，对相应的影响因子采取措施，并及时反馈系统的调控系统和调控措施。调控措施分为补救和预防两个措施：补救措施作为修正措施，一般在系统失衡之后使用；而预防措施作为规避措施，在系统失衡之前主动使用。要使调控达到预期的目标，就要有调控主体的能力，而这些能力需要通过学习来不断提升。

要恢复信息化课堂生态功能，就要把现代信息技术与英语课堂教学的有机整合作为重点。要实现现代信息技术与英语课堂教学的有机整合，就要把构建师生共建式生态课堂作为目标，把师生的共同成长作为追求，实现生态因子之间的和谐共处，平衡系统的输入与输出，让教学目标和成效相同，让生态化课堂环境得到创建，让师生之间可以平等地对话，运用混合式教学模式，调整师生的角色定位，创建多元教学评价体系，创新多维课堂的教学方式。当现代信息技术与英语课堂生态实现有效融合时，课堂生态出现了新的结构，这种新的结构通过与环境的交互，充分发挥了调节关系、优化结构和生态育人的功能，而课堂教学与信息技术的结合，为系统内部的失调问题找到了解决方法，如英语教学与教师角色和理念的失调，多媒体教学方式与英语教学效果的失调，学生学习效果、学习能力与英语学习目标的失调，传统评估方式与英语教学目标的失调，新式英语教学模式和传统英语教学模式的失调等。

(三) 引导系统各组分同步协变

信息环境下的英语课堂生态出现了失衡的问题，这一问题可以从课堂生态系统各组分比例的失调上体现出来，之所以会出现这种情况，主要的一个原因就是当信息技术进入英语课堂生态系统中时，系统中的其他生态因子并没有发生与信息技术同步的变化。因此，如果想要重构信息环境下的英语课堂生态，教师就应该行动起来，主动干预，利用一切可行的方法使系统中的其他因子能随着信息技术的介入而做出恰当的改变。

英语课堂是一个不折不扣的微观系统，系统包括两大成分，一个是生物成分，指的就是教师与学生，另一个则是非生物成分，指的是课堂生态环境。信息技术在英语课堂教学中的应用使英语课堂生态发生了显著的变化，甚至信息技术在其中已经占据主导地位，能引导系统中的其他因子发生相应的变化。但笔者不得不承认，信息技术在英语课堂教学中的应用可谓是超前的，是需要英语课堂生态系统中的其他因子配合的，但课堂管理机制并不健全、生态主体落后等原因都阻碍了其他因子的转变。笔者认为，要实现系统中的其他因子与信息技术的同步转变，就需要对具体问题进行具体的问题，对问题产生的原因进行分析，从而提出更加合理的解决方案。

(四) 对互动对话的生态课堂交往进行有效重塑

要实现互动对话的生态课堂交往，就必须要对课堂教学交互的属性进行分析。可以对教学交互进行具体的分类，可以将其分为交互动机、交互意愿、交互效果等方面。要对互动对话的生态课堂交往进行重塑，教师需要利用不同的交互方式为学生搭建多样的互动平台，从而使学生根据自己的实际情况选择适合自己的互动平台，这样，其在与教师、同伴的互动中也能不断提高自己的学习效率。这里笔者还需要指出的是，所谓的交互并不仅仅存在于教师与学生之间，教师与教师、教师与教学资源、学生与学生之间也是存在交互的。

要对互动对话的生态课堂交往予以重塑，笔者认为还应该最大限度上激发课堂交互的活力。

首先，良性课堂交往的基础是和谐的课堂生态结构，基于此，教师应该灵活使用信息技术，充分利用信息技术促进课堂生态系统中的组分的协变，从而使系统呈现平衡的状态；要对课堂生态系统的营养结构进行合理的调整，从而保证系统内的信息与能量流动的顺畅性。英语生态课堂与一般的课堂相比更加复杂，它的生态主体教师与学生往往扮演着多重角色，因此，教师与学生必须要对自己的角色清楚了解，能在正视自身角色的基础上完成自己的教学活动或学习活动。

其次，良好的教学环境也能在很大程度上促进学生课堂交互的实现。教师在课堂上使用的多媒体课件能刺激学生的感官，使其不断激发自己的学习积极性，并自觉完成与教材、教师、同学等的交互，且笔者还需要指出的是，这里的交互是一种直接性的交互。教师还应该为学生构建良好的互联网学习平台，在这个平台上，教师可以上传一些与课堂教学内容相关的延伸性学习内容，让学生通过学习这些内容不断实现课堂内容的深化，不断提高自己的学习质量。

最后，良好的人文环境也能促进学生课堂交往的实现。基于此，教师应该在课堂上、在生活中理解学生，最好当学生遇到学习与生活中的困难时，可以施以援手，这就能让学生感受到教师的人文关怀，从而积极地与教师加强互动，愿意将自己的学习烦恼告知教师，教师在了解学生的学习困惑之后就能合理地调整教学计划。

第五章 英语翻转课堂教学模式构建

随着时代的进步,英语教学融合现代教育技术获得了新的发展。翻转课堂模式的融入使得英语教学的效果获得显著提升。本章从翻转课堂概述入手,系统分析了英语翻转课堂的教学设计,探讨了翻转课堂在英语教学中的具体应用,最后概括和总结了英语翻转课堂教学模式的构建与实施策略。

第一节 翻转课堂概述

一、翻转课堂的定义

所谓翻转课堂就是把传统的教师在课堂上讲解知识,学生课后回家完成作业的教学模式颠倒过来,变成学生课前在家学习教师的视频讲解,课堂上在教师的指导下完成作业。[①]

二、翻转课堂的特点

(一) 教学视频短小

教学视频共同的特点就是短小精悍。大多数的视频都只有几分钟的时间,比较长的视频也只有十几分钟。每一个视频都针对一个特定的问题,有较强的针对性,查找起来也比较方便;视频的长度控制在学生注意力能比较集中的时间范围内,符合学生身心发展特征;通过网络发布的视频,具有暂停、回放等

---

① 郭建鹏. 翻转课堂与高校教学创新 [M]. 厦门:厦门大学出版社,2018:47.

多种功能，可以自我控制，有利于学生的自主学习。

（二）教学信息清晰

"翻转课堂"的教学视频与传统的教学录像的不同之处在于，视频中出现的教师的头像以及教室里的各种物品摆设都会分散学生的注意力，特别是在学生自主学习的情况下。因此，翻转课堂的教学视频强调录像环境不要有干扰因素，应采用一对一的讲解方式，让学生感觉教师只是给他一个人在讲课。

（三）学习流程的重新建构

教学流程的颠倒无疑是翻转课堂最明显也是最外化的标志。通常情况下，学生的学习过程由两个阶段组成：第一个阶段是"信息传递"，是通过教师和学生、学生和学生之间的互动来实现的；第二个阶段是"吸收内化"，是在课后由学生自己来完成的。由于缺少教师的支持和同伴的帮助，"吸收内化"阶段常常会让学生感到挫败，丧失学习的动机和成就感。翻转课堂对学生的学习过程进行了重构。"信息传递"是学生在课前进行的，老师不仅提供了视频，还可以提供在线的辅导；"吸收内化"是在课堂上通过互动来完成的，教师能够提前了解学生的学习困难，在课堂上给予有效的辅导，同学之间的相互交流更有助于促进学生知识的吸收内化过程。

（四）对信息技术依赖程度的增强

学生在课外学习中如果没有信息技术的支持，就难以得到教师的帮助，影响学习效果。无论是教学课件还是教学视频，都需要信息技术的支持才能方便有效地传递给学生。而对于学生课前学习效果的检测，更需要信息技术的支持。这就对教师提出了更高的要求，要不断学习信息知识，提高操作能力。

三、翻转课堂的构成要素

（一）课前内容传达

1. 使用现有的教学视频

使用现有的教学视频是教师的最佳选择，主要基于以下两个方面的考虑。第一，教师在面对视频录制仪器时可能会产生紧张心理，这会严重影响教学的进程与效果。因为视频录制通常是教师面对机器自言自语，这与传统授课形式带来的心理感受完全不同。第二，教师的教学任务十分繁重，没有时间、精力来制作视频。因此，教师如果可以在网上找到该门课程的高质量教学视频，那么就可以省去很多的精力。当前，网络上关于教学的视频是多种多样的，教师可以自己下载，或安排学生进行搜索下载并在教学中使用。

2. 制作新的视频

对于翻转课堂模式中运用的视频，教师除了运用现有视频外，也可以进行录制。当然，这需要教师有多余的时间和精力，他们可以运用电脑、录音软件、麦克风、手写板等进行制作。

此外，教师制作的视频应短小精悍，这是因为当前学生的生活是快节奏的，视频只有短、快才会受到他们的欢迎。如果视频太长或内容太过复杂，往往不能引起他们的兴趣。

(二) 课堂活动组织

1. 对于英语教学而言，导读类课程比较适合翻转课堂教学，这类课程通过网络多媒体展开。在课下，学生按照教师的安排学习内容；在课堂上，教师解释重点、难点问题，进而通过网络多媒体实现在线测试。完成测试后，学生可以即时获取网络背景知识和学习资源，同时能与自己之前的测试结果进行比对，从而加深和巩固自己的知识。

2. 英语课程涉及语言、文化两方面因素，教师在安排学生学习时要按照从初级认知的识记理解到高级认知的综合应用这样一个逐步递增的过程进行。教师在安排学生学习语言知识、文化现象的同时，还需要组织与此相配合的学习活动，让学生在已有知识的基础上加深对不同文化知识的理解。

3. 在合作学习的基础上应结合个体学习，因为个体学习有助于学生充分领会和识记。

(三) 课后效果评价

翻转课堂中主要采用个性化学习测评，这是依靠教师在平常与学生接触的过程中所形成的评价，教师需要依靠自己的教学经验来判断学生对知识的掌握程度。这种即时测评的优点是有利于纠正学生对知识的误解，并根据学生的认知差异为学生提出合理性的学习指导。

因翻转课堂兴起时间较短，其评价与测试形式并不完善，所以翻转课堂模式的学习评价主要是要求教师与学生之间进行及时交流与沟通，并根据学生的不同个性特征加以引导。此外，教师还需要通过更多渠道为学生展示学习成果，让学生建立起足够的成就感和自信心，激发他们学习的积极性和动力。

第二节 英语翻转课堂的教学设计

一、翻转课堂教学设计的要素

(一) 学习资源

翻转课堂之所以能在教学中不断得到应用并取得良好的教学效果，与翻转课堂"先学后教"理念支持下充分的前期准备工作是离不开的。翻转课堂的有效实施需要丰富的学习资源支持，这些学习资源可以是学习任务单、主题课堂资源、知识点视频资源、电子课件、电子文档、学习网站、进阶练习和知识地图等。其中，短视频资源是翻转课堂最常用的学习资源，主要由各种教学视频短片构成，内容以知识点为单位，聚焦新知识讲解，形式上强调碎片化，便于网络传播与学习。

翻转课堂的学习资源主要用于支持学生课前的自主学习。为了取得更好的自主学习效果，除了为学生提供视频资源外，还常常提供教师精心设置的学习任务单与资源配套使用。学生在课前自主观看教学资源，完成学习任务单，完成知识的学习。学生只有课前完成对学习资源的学习并获得了知识内容，才能在课堂中更好地参与教师设计的教学活动，达到知识内化的目的，真正提高学生的学习效果。

(二) 教学活动

教学活动是翻转课堂教学的核心组成部分，翻转课堂的有效实施需要建立在设计良好的教学活动的基础之上。在翻转课堂教学过程中，学生的新知识学习过程已经在课前完成，取代了传统课堂教学中教师课中讲授新知识的模块，这种颠倒的课程形式显然给了师生更多的课堂时间。如何利用好课堂时间组织教学活动，促进学习者知识的内化，是翻转课堂能否成功实施的关键。课堂教学活动可以有个人学习活动和小组学习活动两种形式。个人学习活动有进行小测试/调查、绘制知识网络/概念地图、解决问题等。小组学习活动有角色扮演、辩论、案例研究、小组内参访等。

课堂教学活动涵盖了解答学生疑问、重释难点、练习巩固、课堂讨论、探究实验等多个方面，教师需要根据学科特点和学生实际情况精心设计课堂活动。在真实的教室里，良性互动和面对面的、有意义的、深度的学习是最为重要的。若课堂形式过于单一，如全部用来做练习测试，则会让学生慢慢失去兴趣。若缺乏有实质产出的活动设计，则师生可能在课堂上倍感无聊或无事可做。课堂活动对教师的教学能力和综合素养有较高要求，教师要在课堂上敏感地意识到多数学生存在的困惑，并及时形成解决方案。

设计教学活动之前，教师要清楚地了解学生对课前知识的掌握情况，在此基础上，教师针对学生自学中遇到的难点进行讲解，进一步巩固学生所学知识，并有针对性地对学生进行辅导。教学活动应能够促使学生对所学知识进行回忆，加深对所学知识的理解的目的，并应用所学知识进行讨论、解决实际问题以及创作作品等。因此，设计良好的课堂教学活动不仅可以达到复习巩固知识的目的，还可以促进学生对所学内容进行应用和创新，以达到知识的第二次内化，从而完成知识获取的完整过程。

（三）学习分析

翻转课堂教学评价可以使用传统课堂教学评价手段，除此之外还可使用在线教学的学习分析技术。能够对学生大量的学习数据进行分析，并能对其学习情况进行详细梳理的技术就是学习分析技术。

在翻转课堂环境中，教师可以较为全面地收集学生的学习数据，同时借助学习分析技术对这些数据进行有效的分析，根据分析的结果就能从整体上判断学生的学习情况，同时还能发现学生学习过程中出现的问题，进而对学生的学习动态予以把握，进行准确的评价。更为重要的是，根据学生在学习过程中出现的问题，教师还可以做出适当的教学调整，比如，学生在自主学习探究活动中存在的问题就可以被教师当作进行课堂活动设计的依据。同时，通过了解学生观看某一视频的异常数据，教师可以了解学生在哪些知识点的学习上存在问题，进而在课堂讲解时就会着重讲解。

（四）支撑环境

翻转课堂的运转必须要依靠网络环境的支持，这里的网络支撑环境主要由两部分组成，一部分为网络教学平台，它能发挥多样的功能，不仅能发挥在课中互联的功能，而且还能发挥师生互动的功能；另一部分为学生学习终端，它在翻转课堂中的重要性也是不言而喻的，不仅能支持学生的微课学习，而且还能支持学生的互动练习。正是因为有了网络环境的支持，教师与学生才能更加自由、方便地进行互动与交流，学生才能在课前就能完成对相关知识的学习，教师也能及时了解学生的学习情况。

二、翻转课堂活动设计的具体环节

（一）确定问题环节

教师不能一人决定课堂探究问题，需要与学生一起商讨决定。教师确定探究问题应该以教学内容的重难点为依据，而学生确定探究问题应该以其在课前观看教学视频过程中出现的疑惑为依据。教师应该综合这两方面的依据确定课堂探究问题。具体的课堂探究，笔者认为应该包括以下几个环节。

首先，学生需要将自己在观看教学视频中遇到的问题提出来，之后根据教师的讲解也可以提出新的问题。其次，教师对学生提出的旧问题与新问题进行分析、整理，进而选出一些合适的问题让学生分组讨论。笔者需要指出的是，一直以来学生都习惯了接受教师的灌输，他们逐渐失去了独立思考的能力，这使其遇到问题时不愿意思考、也不愿意开口求助教师与同伴，正是因为如此，这一步才是翻转课堂最为艰难的一步。因此，在这一环节中，教师应该主动承担自己的责任，积极对学生进行引导，从而不断消除学生心理上的学习障碍，培养其发散思维，并鼓励学生认真思考。教师在梳理需要让小组讨论的问题时，可以邀请学生参与，这样挑选的问题就是能满足学生学习需要的问题。不过，笔者还需要强调的一点是，对于所挑选的问题，教师不仅要考虑问题的实际情况，而且还要考虑讨论的时间限制。

（二）合作探究环节

小组一起合作能促进问题的解决，当小组讨论完毕之后其需要形成统一的意见。教师不能随意地分组，而是要综合考量不同学生的学习特点再分组，在分配探究题目时也要考虑小组的学习水平。一般来说，一个小组是由 4~6 人组成的，在这几个人中，成员们还应该选出自己的组长，由组长进行小组发言。每一位小组成员都应该积极参与探究活动，并明确自己在小组中的职责，对问题及时提出自己的想法。小组成员不能畏缩，而是要展开激烈讨论，当遇到争执不休的情况时，就可以让教师参与讨论，但教师的参与并不是一种真正地参与，教师不会直接将答案呈现在学生面前，而是给予他们一定的思路，让他们自己去探索。当一个小组将本小组的问题解决之后，其在征得教师的同意之后也能帮助其他小组的同学解决问题。这样，小组成员就能在解决不同问题的过程中掌握更多面的知识，同时也能培养自己的思考能力。如果在这种情况下问题依然得不到解决，这时小组长就可以将问题提出来，寻求教师与全班同学的帮助。所有的小组讨论完毕之后就是小组阐述讨论结果的时候，每个小组的组长负责阐述本小组的讨论结果，当小组长汇报完毕之后，如果其他小组成员有补充的地方，其也可以进行补充发言。在翻转课堂教学初期，笔者认为发言的同学应该具有很强的语言表述能力，其严谨、清楚的话语将能给其他的同学起到一定的示范作用。在翻转课堂教学的后期，笔者认为可以让所有的学生都参与进来，不应该让某一个学生代表其他人，教师应该最大限度上听取其他同学的意见。

(三) 展示质疑环节

待小组讨论结束之后，每个小组需要向教师和全班同学展示讨论的结果，也就是要进行全班研讨。全班研讨活动应该由教师组织，当学生研讨出现停顿时，教师就可以及时参与进来，发表自己的意见，对学生的探讨结果做到有效的补充。教师在这里只能扮演辅助者的角色，不能在学生的研讨过程中扮演主导者的角色，应该将研讨交给学生。学生展示成果的形式是多种多样的，每个小组可以根据自己的情况选择演讲形式，也可以选择成果演示形式。不管使用那一种形式，全班研讨的目的是明确的，就是要让所有的学生都对各种问题的解决方案有清楚的了解，进而掌握知识。

(四) 点拨评价环节

在全班研讨结束之后，教师要对研讨的结果进行分析、总结，肯定学生研讨中的准确结果，同时对其中的某些问题也应该清楚指出来，甚至可以给学生提出解决问题的意见。不过，有一些小组探讨的是开放性的问题，对于这类问题，并没有统一的答案，教师只需要考查小组成员是否发挥了自己的想象力，问题的答案其实并不重要。在帮助学生解决完问题之后，教师还需要给学生布置下一次的视频观看任务。

(五) 达标测评

在进行探究与深度学习之后，学生一般都可以掌握课程标准要求的知识。但教师需要利用下课前的 5~10 分钟对学生的所学进行检验，当前，应试教育的余威尚存，这种 5~10 分钟的检验其实就是翻转课堂对应试教育的一种妥协，既能检验学生的知识学习情况，也能让学生的综合素质得以提高。

第三节 翻转课堂在英语教学中的具体应用

一、翻转课堂在英语听力教学中的应用

(一) 翻转课堂在英语听力教学中应用的意义

1. 有助于激发学生听力学习热情

翻转课堂教学模式对教师有着较高的要求，不仅要求教师要掌握扎实的专业知识，而且还要具有较高的教学水平。要求教师要具有一定的视频制作能力，能将教材知识转化为一个个清晰可见的视频，同时在视频中还应该讲解一些重难点知识，融入一些文化背景知识。这样，学生在观看视频的过程中就能学习到更加全面的知识。这里还需要强调的是，教师不能在视频中出境，因为一旦教师出现在视频中，学生的注意力就有可能为教师所吸引，就不能安心学习。视频是一种非常直观的教学方法，借助视频，教师可以置入与教学内容相关的图片，也可以使用动画形式，这样，学生的学习积极性就能被有效激发。

2. 有助于转换师生角色实现个性化教学

教师的任务就是将教学内容传递给学生，同时让学生掌握更多知识。但教师使用的教学模式比较单一，是一种面向全体学生的教学模式，笔者不否认这一教学模式在过去的确发挥了不小的作用，但现在的学生有着十足的个性，单一的教学模式已经无法满足学生的需求。因此，教师必须要综合考量不同学生的特点实施个性化教学。学生的学习能力不同、学习水平不同，教师借助翻转课堂就能解决学生的差异问题，比如，可以将翻转课堂应用在英语听力教学上。教师可以为学生准备不同的听力教学视频，对于那些听力能力相对较弱的学生来说，教师应该为他们提供一些基础的英语听力训练视频，当他们无法理解听力材料时就可以回看视频反复听；对于那些听力基础不错的学生来说，教师应该为他们提供一些强化性质的听力训练视频，让他们完成听力练习之后进行听力材料的复述，这样，学生的听力能力不仅能有所提高，而且其语言表达能力、英语写作能力等也能有所提高。

3. 有利于提升课堂教学效果

与传统的教学模式相比，翻转课堂有着十分突出的优势，它不仅摆脱了时

空的限制，而且还能对教学资源予以整合，对教学环节予以优化，最重要的是，还能促进教育公平的实现。在翻转课堂教学模式下，英语教师可以从互联网上搜寻与英语听力教材上的内容相关的听力材料让学生听，同时还应该听取学生的意见，进一步优化课前、课堂、课后教学设计，从而使学生获得不错的学习体验。翻转课堂模式之下，教师可以为学生提供更加丰富的英语听力内容，这些内容不仅开阔了学生的视野，同时也让其适应了听力的各种模式，进而有效增强了其听力能力。而学生听力能力的增强就表明翻转课堂应用在英语听力教学中是可行的，是能进一步增强英语听力教学效果的。

4. 有助于多维度地检验学生学习效果

在传统英语听力课堂上，教师检验学生的英语听力学习成果主要是通过让学生做客观性听力试题和终结性考核的方式实现的。很明显，这一种方式是一种无法全面展现学生听力学习成果的方式，甚至还能削弱学生进行英语听力学习的兴趣。但是如果教师将翻转课堂应用在英语听力教学中就能很好地解决这一问题，也就是说，运用翻转课堂教学模式教师可以在线上线下时刻检验学生的学习成果。

翻转课堂模式下，英语听力教学的评价标准也可以做出适当的改变。过去，英语听力教学的评价标准多为学生的期末考试成绩，但这一成绩并不能全面彰显学生的英语听力学习情况。因此，笔者认为在注重结果的评价标准上还应该加入过程性评价，对学生不同阶段的英语听力学习情况进行梳理、评价，这样，教师就能对学生的英语听力学习情况有更加全面的了解，也能根据评价结果不断调整自己的英语听力教学计划。

(二) 翻转课堂在英语听力教学中应用的策略

1. 借助多媒体设计教学音频

一般来说，英语教材后面都会附带一个光盘，利用这个光盘，学生就能更好地进行英语听力学习。对大部分的学生进行调查发现，学生在英语听力学习过程中主要存在两方面的困难，一种是单词量的缺乏，另一种是对陌生句式的恐惧。但是在翻转课堂上，学生可以提前利用教师提供的听力教学视频预习，这样他们就能对要学习的听力内容有清楚的了解，通过反复地听，他们会对内容形成一定的敏感性，以至于教师在课堂上讲解听力内容时他们也能迅速的理解。

现在的学生都有着自己的个性，有着很强的好奇心，同时也愿意接受新鲜事物。基于此，教师就可以摆脱传统英语教材的限制，根据学生的需求为其提供一些与其关心的足球、娱乐领域有关的听力材料。将这些材料结合某些图片编辑成视频，这样的视频是能满足学生的学习口味的，因此会得到学生的喜欢，学生在观看视频的过程中也能集中注意力，这非常有利于其听力学习质量的提高。

在翻转课堂教学模式之下，教师的教学任务有所减轻，这时他们就有更多的时间为学生答疑，同时还能转变自己的身份，以一种研究者的身份去改善翻转课堂听力教学。在教师不断的反思与探究过程中，不仅其教学行为有所改进，而且其整体教育水平也会有显著的提高。人类已经步入信息时代，信息技术极大地影响了人们的学习活动，不仅学习内容发生了很大的改变，而且学习方式等也发生了很大的改变。人们甚至可以借助智能手机等移动终端设备充分利用自己的碎片时间学习。与之而来的是学生思想上的开阔以及学习能力的提高，显然学生本身也发生了相应的变化，正是因为如此，教师在英语听力教学中就不应该再使用传统的灌输式教育方式。而是应该引入翻转课堂模式，主动收集各种有趣的英语听力学习视频，从而为学生的英语听力学习提供良好的资料支持。

2. 采用多元化的教学方法，加强师生沟通

教师要果断摒弃传统英语听力教学模式，而是积极引入翻转课堂模式，并将其优势不断凸显出来，更为重要的是，还应该加强与学生的沟通、互动，从而对学生的英语听力学习有全面的了解与把握。为了激发学生英语听力学习的积极性，教师可以多组织一些英语听力比赛活动，学生在参与的过程中不仅能检验自己的英语听力所学，而且还能使其对英语听力学习形成新的认识，更加愿意学习英语听力知识。同时，为了进一步鼓励学生，教师可以制定合理的比赛奖励机制，对于取得好名次的学生，教师可以适当地给予其一些物质奖励，当然也可以给予其一些精神激励。学生在英语发音与语调方面容易出现问题，这对这一问题，教师应该多与学生用英语对话，在对话过程中可有针对性地帮助学生解决这类问题。

很多学生由于英语发音和语调上存在问题，可能会导致在进行英语听力时有听不懂的现象，教师要根据这一现象，进行针对性的辅导，通过小组训练或者是教师辅导等方式提高学生对英语发音的掌握，将英语听力变得更具有趣味性和亲切感，这对学生培养良好的英语听力习惯会有很大的帮助。

3. 利用任务驱动教学方式，设置评价体系

教师在翻转课堂听力教学中所使用的教学方式其实是任务驱动，这是一种具有一定强制性的教学方式，即便如此，它也能在翻转课堂英语听力教学中发挥积极作用。具体来说，教师会先分析学生的学习特点、选择合适的教学内容，进而给学生设置学习任务，结合任务学生要开展自主学习活动。基于翻转

课堂的英语听力教学中，传统英语听力资料可能并不能发挥其作用，因此，教师应该为学生提供更加多样的、新颖的英语听力材料，这些材料最好能帮助学生形成逻辑思维。同时，学生在完成教师布置的任务的过程中也能对语音与词汇形成更加深入的理解，且如果其没有听懂教师所讲的内容，其在课下就能依据视频资料继续探索，如果学生依然无法做到清楚理解，这时就可以向教师寻求帮助。

相对来说，翻转课堂提供给学生的一种非常自由的学习模式，因此，如果教师要保证学生学习的质量就需要对学生的学习行为予以适当控制，这可以通过教学评价实现。基于此，教师应该建立更加科学、合理的评价体系，借助评价手段学生可以全方位了解学生学习实际。英语听力教学的重点一般集中于语法、语义等层面上，这些方面其实也是学生在英语听力学习中容易出现的问题。因此，在翻转课堂模式之下，教师应该着重讲解这部分的内容，但笔者还要强调的一点是，尽管这些内容被教师进行了重点强调，但如果想要学生真正消化这些知识还是需要评价体系的支持。

二、翻转课堂在英语口语教学中的应用

（一）翻转课堂在英语口语教学中应用的优势

1. 有利于尊重学生个体差异

大量的心理学实验已经表明，每个个体身心发展的时间、具体进程等方面是存在明显差异的，同时其思维认知能力也存在差异。同理，学生在口语能力方面也表现出了差异，学生用在口语训练中的时间、所使用的口语训练方式也就不一样了。在传统英语口语课堂上，教师使用的教学方法是面向全体学生的，是无法兼顾每一个学生的，这就让英语口语教学失去了针对性与个性化特征。在翻转课堂教学模式之下，教师可以为学生录制英语口语教学视频，学生通过观看视频完成口语练习，在一次次的练习中，学生的发音将会变得更加准确。而且，结合不同口语水平的学生，教师还可以录制不同的视频，为口语水平相对较高的学生录制提高训练视频，而为口语水平相对不高的学生录制口语基础训练视频。

2. 有利于节约课堂教学时间

传统英语课堂时间有限，一般维持在40~45分钟左右，在这样有限的时间内，教师需要讲解大量的内容，能留给学生口语练习的时间与机会都是非常少的，甚至有些学生根本就没有机会进行口语练习。这就让所谓的英语口语教学变了味，即使学生的英语口音、语调等存在问题，教师也无法及时地帮助其纠正。教师为学生录制英语口语教学视频就能延长学生的英语口语学习时间，学生在课下可以通过观看这些视频进行口语练习。教师的发音是准确的，在将自己的发音与教师的发音进行对比时，学生就能清楚自己的发音究竟在哪些地方出现了问题，进而在一次次的练习中不断纠正自己的发音。

3. 有利于增强学生开口说英语的自信

受到传统思维的影响，许多学生在英语课堂上无法开口，他们生怕自己说错了会引来他人的嘲笑，这就让许多学生失去了练习口语的良好机会。翻转课堂教学模式旨在为学生提供一个私密的口语练习空间，学生可以自己在家里或者图书馆等地方观看教师提供的口语教学视频加强口语训练。即便学生可以在视频的引导下练习口语，但还是不如其在英语课堂上直接进行口语练习，因为在英语课堂上教师可以直接指出学生的发音问题，并帮助其纠正。而教师提供的英语口语教学视频所发挥的突出作用表现在，学生在私底下已经很好地进行了口语训练，当其在课堂上展示时，其英语口语学习的自信心将会被建立起来。经过课下的刻苦训练与课上的勇于表达，笔者相信，学生最后一定能敢于用英语交际。

4. 有利于塑造良好语音环境

当然，教师最好可以结合英语口语教学内容自己录制教学视频，但这也并不是必要的。因为互联网上有许多非常优秀的英语口语教学视频，教师可以直接使用它们。教师在使用它们之前需要对它们进行分类，使每一个视频都能针对一个教学内容，这样，学生就能有针对性地跟着视频训练自己的口语。

(二) 翻转课堂在英语口语教学中应用的策略

1. 构建学生情境认知

在翻转课堂教学模式下构建认知情境，笔者认为应该包括以下几点。

第一，教师应该为学生创设真实的口语情境，因为真实的口语情境能消除学生的紧张感，能让学生真正应对交际中的种种问题，从而使其口语能力能获得真正的提高。

第二，教师应该保持多样化的角色，根据自身所选择的认知情境策略变换角色，从而使自身可以紧跟学生的学习进度，对学生的学习情况有全面的把握，也能比较近距离地了解学生的学习感受。

2. 鼓励阅读英语书刊

学生学习英语口语知识、加强英语口语训练的渠道不应该是单一的，教师可以从世界上有名的英语报刊、英语广播中挖掘英语口语学习资源，最好能结合学生的学习需求选择材料主题。这样的英语口语材料不仅能激发学生的英语口语学习积极性，而且还能使其接触到更为地道的英语发音。教师还可以鼓励学生订阅不同的英语书刊，每个学生都可以相互交换书刊，这样学生就能开阔自己的视野，也能掌握更多的英语知识。

3. 转变师生定位

翻转课堂英语口语教学开展的关键主要包括三个方面，分别为师生互动、角色互换以及知识吸收。在进行课堂教学之前，教师会在互联网平台上搜集与本节课内容相关的英语口语材料，并将其编辑成视频让学生观看。学生在课前观看英语口语教学视频，并记录无法理解的视频中的内容，到了课堂上，教师就可以将这些自己无法理解的内容提出来，教师可为其解答。对于一些学生普遍存在的问题，教师不必急于给出答案，而是让学生先进行讨论，在讨论过程中可能答案就出来了，如果学生的确无法讨论出问题的答案，那么其就可以参与到讨论中，帮助学生解决问题。通过学生学习英语口语教学视频的反馈，教师可以全面掌握学生的英语口语学习情况，了解学生在学习中存在的不足，并根据他们的不足及时调整教学内容与方法。学生在自主观看视频学习的过程中肯定会遇到一些问题，这时学生就可以借助互联网平台与教师联系，并将问题反馈给教师，教师可对学生进行适当的引导。在翻转课堂英语口语教学中，教师与学生的角色都发生了明显的变化，教师不再是英语口语课堂上绝对权威，他们已经变成学生学习的引导者与辅助者，学生也不再一味地接受教师的知识灌输，而是有意识地参与英语口语教学，在教师制作英语口语教学视频时提出自己的意见。这样，其原本的被动角色就转变为主动角色。翻转课堂在英语口语教学中的应用，可以让学生对英语知识的内容有更加清楚、全面的把握，能帮助学生培养分析与解决问题的能力，更是能为学生营造良好的英语口语环境，让其在英语口语环境中锻炼应用口语。

4. 课后归纳与反思

在翻转课堂教学模式之下，学生经历了不少环节，不仅经历了自主学习环节，而且还经历了课堂练习与教师指导环节，经过这些环节之后，学生已经能对英语口语知识有基本的掌握。当课堂教学结束，学生的学习并没有结束，其应该详细梳理英语课堂教学知识，尤其要对一些重难点知识进行合理的分析与理解。最为重要的是，经过几个学习环节，学生应该了解自己学习方法的不足问题，不断改正自己的学习方法。在接收到学生的反馈之后，教师还应该对其所提供给学生的英语口语教学视频进行合理的分析与总结，肯定自己重难点知识的呈现技巧，同时还要意识到自己在视频制作、教学内容选择等方面存在的问题，进而不断提高自己的视频制作能力，不断优化英语口语教学内容。

三、翻转课堂在英语阅读教学中的应用

（一）翻转课堂在英语阅读教学中应用的优势

与传统的英语阅读教学相比，翻转课堂在英语阅读教学中的应用已经彰显出了许多优势，这里的优势不仅体现在它能对学生的英语核心素养予以培养，而且还能体现在它可以对学生的英语综合素质予以培养。当前，学生的英语阅读能力越来越成为英语考试检验学生英语学习的重点，因此重视英语阅读教学是十分有必要的。将翻转课堂应用在英语阅读教学中，能提升学生的英语阅读能力，能帮助学生培养自己的自主探究能力。传统英语阅读课堂上，教师过于重视对阅读材料中的重点词汇、语法等进行讲解，过于重视对阅读理念与阅读技巧的传递，并不重视学生阅读能力的培养。而在翻转课堂模式下，学生在观看英语阅读教学视频时会自觉地从中找寻一些英语陌生词汇，也会总结一些他们不熟悉的语法知识，很明显，翻转可能有力地提升了学生的自主探究能力。

（二）翻转课堂在英语阅读教学中应用的策略

1. 学生借助网络平台实现课前自主学习

在翻转课堂教学模式下，英语教师的教学理念发生了明显的转变，他们逐渐地将主动权交给了学生，让学生成为教学的中心。在课前，教师会引导学生充分利用网络平台开展英语自主学习活动，使其在真正地上课之前就可以对阅读材料有更加清楚的认识，同时还能清楚了解其中的重难点知识。在英语阅读课堂上，教师可以为学生准备视频课件，以视频的形式呈现英语阅读教学内容能激发学生学习英语阅读知识的积极性，能让其在丰富的感官刺激下掌握全面的知识。当学生观看完视频课件之后，教师还应该与学生就教学内容展开讨论与互动，了解学生疑惑点，从而掌握学生的学习情况。教师要特别重视学的课前自主学习问题，要学会放手，给学生足够多的视频资料让其去学习即可，没有必要担心他们学不会，对于学不会的部分，教师可以在课上进行具体的讲解。

2. 教师引导学生参与英语互动教学

翻转课堂教学应用在英语阅读教学中，就是要积极引导学生参与教学，激发学生的主体性，进而改变过去教师在英语阅读课堂上占据主导地位的局面。在翻转课堂英语阅读教学中，教师可以为学生选择一些比较容易理解的英文视频，为其构建相对真实的阅读语境，通过观看视频，学生的英语口音问题也会

得到有效的解决。在提供视频之前，教师可以面向全体学生做调查，了解学生最为感兴趣的电影，进而截取一些电影片段制作教学案例，学生在观看这类视频时就能表现出浓厚的学习兴趣。在学生观看完视频之后，教师可以组织学生对电影中的台词予以复述，甚至可以让学生进行角色扮演，这样视频学习的内容就能获得有效巩固。这是一种十分不错的英语阅读教学方式，学生不仅能最大限度地参与英语阅读教学，而且还能在观看视频的过程中不断激发自己的学习热情。

3. 引导学生课后及时进行有针对性的巩固学习

知识的学习是一个循环往复的过程，在学习新知识的同时还要完成对旧知识的复习，只有这样才能较为扎实地掌握知识，英语阅读知识的学习也是如此。在英语阅读课堂教学结束之后，教师还要积极引导学生利用各种网络平台进行阅读训练。为了让学生巩固课堂所学，教师可以将课堂内容编辑成小视频上传到班级微信群，让学生下载学习，同时还可以在一些网络英语平台上开设论坛，组织学生参与其中，积极地进行交流、学习。这几种方式都能有效地提升学生的积极性，而且还能开阔其英语阅读学习的视野，不断丰富其英语阅读知识结构。教师应该鼓励学生积极在课下完成英语训练，比如为学生组建英语学习角，让学生在英语学习角中展开交流与互动；鼓励学生与外国友人用英语进行交流，以训练自己的口语；鼓励学生积极报名充当国外体育赛事的志愿者，在与外国人的分工合作中不断提升自己的英语应用能力。

四、翻转课堂在英语写作教学中的应用

（一）翻转课堂在英语写作教学中应用的优势

1. 有利于活跃课堂气氛

在翻转课堂教学模式下，教师可以为学生提供更好的学习资源环境，让学生在这一环境中不断加强交流。一直以来，教师在学生的学习活动中扮演重要角色，原本应该占据主导地位的学生却被忽视了，因此，无论是教师还是学生，都应该认识到学生才是学习的主体。另外，英语写作学习的过程并不是学生掌握英语写作知识的过程，而且还是学生形成良好的人际关系的过程。将翻转课堂应用在写作教学中，能帮助学生消除厌学的情绪，以更加积极的态度学习英语写作知识，并在学习过程中树立自己的学习自信心。

2. 扩展了学生的写作学习时间

翻转课堂应用在英语写作教学中突破了传统的英语写作教学中时间的限

制,学可以有更加充足的时间进行英语写作。因为英语写作课堂时间有限,教师能教授学生英语写作理论知识的时间是有限的,因而学生在英语写作课堂上很难掌握全面的英语写作理论知识,一旦学生的英语写作学习缺乏理论知识的指导,那么其就可能容易使自己陷入英语写作学习的误区。教师可以提前为学生录制英语写作教学视频,将英语写作的重难点知识及注意事项在视频中呈现出来,学生通过观看视频,就能掌握更加全面的英语写作知识,同时也能不断提升自己英语写作学习的效率。

3. 写作教学更加灵活

传统的单一的教学模式学生已经适应了,甚至他们中的不少人已经厌倦了这种教学模式。翻转课堂是一种信息时代涌现出来的新型教学模式,将其运用在英语写作教学中,英语写作教学将变得更加灵活。同时,在这种模式之下,师生、生生之间的互动将会增强,学生也能更加深入地融入集体写作学习中。因为在课前已经观看了教师提供的英语写作教学视频,因此学生就会以一种积极的态度应对英语写作课堂,以更加快乐的心态学习英语写作知识,甚至还能在学习中不断增强学习的自信心。

(二)翻转课堂在英语写作教学中应用的策略

1. 课前预习阶段

在翻转课堂英语写作教学中,知识的传递被集中于课前环节。教师会在课前制作英语写作教学视频,视频中包含着丰富的重点单词讲解、语法讲解等内容,与此同时,教师还会在视频中提供给学生一些优秀的写作范例供其模仿。翻转课堂主张要培养学生个性,鼓励教师应该根据学生的具体特点布置学习任务。学生需要在课前提前学习教学内容中的知识点,同时还要将学习中遇到的问题呈报给小组,之后再由课代表总结所有的问题,并将问题反馈给教师。

2. 课中深化阶段

在这一阶段,教师主要需要解决的是学生在自学时遇到的问题。教师扮演着多重角色,不仅是教学活动的主导者,而且还是学生学习活动的指挥者,既要将学生的潜力激发出来,又要教授给学生一些英语写作方法,还要引导其实现方法的内化。同伴教学法是一种能实现英语教学内容吸收与内化的方法,英语教师应该鼓励学生彼此之间展开合作,他们可以彼此交换自己的作文,然后通过探讨分析作文中存在的问题。这能让学生了解自己在写作方面存在的不足,也能使其主体作用得到有效的发挥。为了能让学生可以更好地进行英语写作学习,教师还应该多为学生组织一些活动,应该保持活动的多样性,可以组织课堂展示活动,也可以组织小组合作活动等。当小组讨论结束之后,教师还要积极鼓励学生进行互相评价，并对学生评价的结果予以追踪，进而了解学生的英语写作学习实况。

3. 课后巩固内化阶段

这一阶段主要包括两部分的内容，一部分为教师需要对学生的作文进行批改，另一部分为学生彼此之间进行批改。在批改过程中，对于学生作文中的优秀部分，教师要对学生进行语言上的表扬，而对于学生作文中的一些错误，教师应该清楚地标示出来。当学生获得教师的评价反馈之后，其就可以根据教师的批注做出相应的批改。学生互评在英语写作教学评价中也是非常重要的一个形式，学生在评价同伴作文的过程中也能梳理出自己容易出错的地方，进而在批改的过程中也能进行相关思考。最后，学生通过利用互联网平台与教师、同学进行互动，彼此之间交流协作心得，这样，其写作水平也能有所提高。

第四节 英语翻转课堂教学模式的构建与实施策略

一、学生学习的策略

（一）观看教学视频

在课前，学生需要通过观看视频的方式完成相关知识的学习，这里的知识学习主要是一些原理性或事实性知识的学习。

学生观看视频的过程其实就是对自己的学习进行灵活把握与调控的过程。通常情况下，教学视频有着一定的时长限制，多维持在7~10分钟。在这样较短的时间内完成知识的学习看似容易其实也并不容易，需要学生能集中注意力，要有一定的自制力。笔者认为学生最好可以找到一个安静的环境静下心来观看教学视频，如果学生在学习过程中遇到了问题，那么，其就可以选择"倒带"，重复观看。在观看视频的过程中，学生也可以记笔记，笔记的内容可以是一些重点知识，也可以是一些其存在疑问的地方。

（二）学会独立探究

学生自行进行知识的学习与探索活动那就是独立探究，从教育层面上来看，它不仅是一种学习策略，而且还是一种教学策略。对独立探究策略进行详细的分析，可以发现，它具有多样性的特征，具有主体性、独立性与实践性等特征，而且其最重要的特征应该是主体性。

世界对优质人才有着极大的渴求，尤其是对有着独立探究能力的人更是有着非常强烈的"欲望"。这是因为具有独立探究能力的人往往具有较强的创新能力，能运用自己的创新思维进行新的创造。过去，教师向学生"投喂"知识，他们的独立探究能力没有获得培养，而在翻转课堂教学模式下，学生的主体地位受到了重视，其也开始自觉地参与自主探究活动。学生不再过度依赖教师，而是愿意自己去花时间与精力挖掘新的学习资源，探索新的学习方法。当然，不可避免地是，在学生进行自主探究的过程中，其会遇到这样那样的问题，笔者认为，学生遇到问题时不应该直接向教师请教，而是应该先自己进行独立思考，当自己的确无法找到问题的答案时，教师就可以提供给他们一些解决问题的视角。

（三）加强合作学习

20世纪70年代，合作学习理论开始在美国兴起，这一理论在美国教育系统中的应用取得了不错的效果，因此它开始为其他国家所认可与接受。中国学者们也对合作学习理论进行了探究，认为合作学习应该包括四种形式，分别为师生合作、生生合作、师师合作和全体合作。但也应该指出的是，尽管合作学习理论在中国获得了发展，且其在英语教学中也获得了不错的应用，但它并没有将合作学习的真正意义揭示出来。在翻转课堂教学模式下，合作学习理论的作用被最大化地发挥了出来，同时，教师与学生、学生与学生之间的互动也增强了。教师在学生合作学习中扮演的是一种引导者的角色，能帮助学生加深对英语知识的认识。

二、教师教学的策略

（一）制作教学视频

为了促进翻转课堂在英语教学中的良好应用，英语教师还应该提升自己的视频制作能力，从而制作出更加优质的教学视频。不了解的人一般可能会认为录制教学视频需要许多专业的设备，需要花费大量的时间。其实并不尽然，教师录制视频需要的设备主要包括截屏程序、一台电脑、电子笔输入设备、麦克风、网络摄像头。在具体的录制中，教师可根据自己的喜好选择录制方式，可以利用屏幕录制软件录制，也可以利用网络摄像头录制。教师录制完教学视频之后还需要对其进行适当的完善，可以利用截屏程序将其中的一些不合适的地方截掉。对于一些需要进行延伸或者需要将解释的知识点，教师可以在白板上标注出来，学生观看视频时就能注意到。

英语制作教学视频也是一个十分烦琐的工作，在具体的制作中，笔者认为，教师应该要注意以下几个方面的内容：首先，必须要保持适当的视频时间，不能过长也不能过短，要与学生的注意力发展规律相一致；其次，教师的声音要有活力，能让学生听起来特别亲切。同时，教师还要流利地讲解知识，要一气呵成；最后，为了营造更加和谐、生动的教学氛围，教师在录制教学视频时也可以适当使用一些幽默的语言，但不能使用过多。

(二) 指导学生观看教学视频

观看教学视频是实施翻转课堂教学模式的重要方面，因此，教师要科学地指导学生观看教学视频。

首先，教师要提醒学生在观看视频的过程中应该主动剔除一些影响其注意力的东西，比如，在观看视频的过程中学生不应该听音乐。笔者认为，要保证学生可以高效地观看视频，可以组织学生集中观看，集中观看时教师可以整体上对学生的观看行为予以监控，对于那些已经走神的学生，教师可以及时提醒。当学生出现了不懂的问题时，教师就可以引导学生按"停键""倒键"，这样就能反复观看视频，就是在一次次反复观看视频的过程中，学生就能不断深化英语知识的学习。

其次，引导学生在观看视频的过程中做好笔记。教师可以为学生提供一个笔记范例，引导其应该在笔记上记录哪些内容，这些内容主要包括两个方面，一方面为教学视频中的重点内容，另一方面为学生在观看教学视频中发现的问题。

最后，引导学生观看完视频之后提出一些自己比较感兴趣的问题。根据学生提出的问题，教师可以清楚地了解学生的观看效果，也能最大限度上培养其问题意识。当学生提出问题之后，其就可以与教师、同学展开讨论，而这种讨论在传统英语课堂上一般很难实现。

(四) 利用好课堂教学的时间

尽管教师制作教学视频也很重要，但是相比这一方面的内容，笔者认为教师对英语课堂教学活动的组织似乎更加重要。翻转课堂与传统课堂表现出了极大的差异，主要表现为它可以利用多种多样的教学活动帮助学生完成任务，从而使其知识结构变得完善。在传统英语课堂上，教师只是将学生看作是装知识的"容器",一味地将知识"倒"进去。但翻转课堂教学模式则不一样,它要求学生通过多样的教学活动引导学生的学习。

在课堂教学之前,学生已经在课前完成了相关知识的学习,这就使学生在课堂上只需要讲解一些重难点知识、解决学生观看视频中存在的问题即可,这样,其就获得了大量的课堂时间。空闲的课堂时间不能被浪费,教师应该结合实际的教学内容制定更加灵活的课堂教学策略,不应该着眼于基本知识的讲解,可以为学生组织一些生动的课堂教学活动。英语教师还应该具有课堂引导力,要通过一些问题检查学生观看视频的情况,这里的问题并不是随便提出的,是教师根据课堂教学内容选取的。

在翻转课堂上,教师已经成为一名不折不扣的引导者,他现在的主要任务就是对学生进行合理引导,使其能在教师的引导下掌握更多的知识,不断提高自己的学习质量。

三、教与学相辅相成的策略

社会对人才提出了比以往更高的要求,不仅要求人才具有自主意识,而且还要具有合作意识与探究意识。基于此,学校应该转变人才培养理念与思路,应该注重培养学生的自主学习能力、合作探究能力等。翻转课堂就是一种强调学生自主学习的教学模式,主张学生彼此之间应该加强合作,同时还将学生的探究性学习看作是学生发展的动力。同时,它还重视学生的主体意识培养问题,将学生的自主学习看作是其学习互动的重要环节与内容,认为教师应该给学生让位,学生应该成为学习真正的主人。翻转课堂教学模式的实施是奠定在合作基础上的,这里的合作不仅包括教师与学生之间的合作,而且包括学生与学生之间的合作。

翻转课堂教学模式旨在让学生自主掌控自己的学习,不能为教师所绝对引导。这种独立的学习应该贯穿在翻转课堂教学的所有环节中,不仅贯穿在课前观看教学视频的环节汇总,而且贯穿在课后完成作业的环节中。在课前观看视频的环节中,学生可以根据自己的学习情况灵活地选择观看几次视频;在课后完成作业的环节中,学生需要独立思考问题。不过,笔者必须要明确指出的是,翻转课堂强调学生的自主学习并不意味着教师放任学生不管,而是强调教师应该注意"管"的程度,要给予学生一定的自由学习空间。

在教学视频的选择上,教师可以从互联网上选择一些优秀的视频,这是被允许的。但笔者认为不同的学生群体有着不同的特点,且教师的教学思维也是不同的,因此,他们最好可以分析教学实际情况制作更加详细的、符合教学实际的教学视频。同时，当学生遇到问题时，教师应该及时对其进行恰当的引导，使其能直接应对各种问题。在教学评价环节，教师不能过多地融入自己的主观想法，而是能够从学生的实际学习情况出发，通过学生的学习反馈制定合理的评价体系，从而做出合理的评价。

四、翻转课堂的翻转策略

（一）课堂分步翻转

无论是对教师还是学生来说，翻转课堂都是一个新事物，尤其是对于学生来说，他们认为这一教学模式能加重自己的学习负担，对自己的学习并不会起到很大的作用。教师必须要认识到这一严重的问题，引导学生不断地使用翻转课堂。在具体推进翻转课堂应用的过程中，教师可以遵循循序渐进的原则，可以在每个学期中先完成2~3门课程的翻转，当学生有了一定的适应能力之后就可以进行核心课程的翻转。这里笔者必须要强调的是，教师最好不要在第一节课就翻转，这可能会使学生对翻转课堂予以排斥。总之，教师可以先实行分步翻转，让学生逐步适应，从而再从整体上完成翻转。

（二）局部翻转

教师在对学生进行自主学习设计时必须要保持任务的轻重，要合理调控学生的自学比例，不能将所有的自学内容放在课外，也应该将一些自学内容放在课堂上，尤其是对于一些重难点内容，笔者认为应该合理地将自学内容放在课堂，因为这样学生遇到问题就能及时接受教师的指导。

（三）教学内容翻转

教师要灵活分配教学内容，要将一些概念性的基础内容放在课前让学生提前预习，一些相对比较复杂的内容则可以放在课堂上。

（四）教学评价翻转

学生的学习情况如何是需要检验的，这里检验的手段就是教学评价，因此，教师应该建立合理的教学评价体系，运用教学评价机制对学生的学习情况进行具体分析，同时还应该不断优化评价机制，使评价变得更加合理。

第六章　英语混合式教学模式构建

英语的教学模式构建是英语发展的需要，也是社会发展对英语提出的新要求。传统的单一教学模式不适合现代社会发展需要，混合式教学将传统学习方式的优势和线上学习的优势相结合，它既可以发挥教师的主导作用，又可以体现学生的主体地位，对于推动教学改革具有重要意义。

第一节　混合式教学概述

一、混合式教学概念的演变

混合式教学公认的、比较宽泛的定义是"在线学习与面授教学的混合"，然而，自20世纪90年代末发展至今，混合式教学的概念仍经历了一个越来越清晰化的演变过程。针对混合式教学的概念应包括物理特性和教学特性两个维度，为此，将其概念的演变划分为三个阶段。

（一）技术应用阶段

自2000年开始，混合式教学已经开始引起国内外学者和实践者的关注。此阶段对混合式教学的定义主要强调其物理特性，最有代表性的为美国斯隆联盟的界定：混合式教学是面对面教学与在线教学的结合，糅合了两种历史上各自独立的教学模式：传统的面对面教学与在线学习。即在教学内容上结合了一定比例的在线教学及面对面教学，在教学特性上，此阶段的混合式教学主要被理解为一种新的学习方式，重点强调技术在教与学中的核心作用。依据信息技术在混合式教学中的应用方式和应用深度，将这一时期的混合式教学划分为五个层次：没有技术支持的纯面授教学；信息技术基本应用；信息技术促进教学；信息技术主导；纯在线。在这个阶段，混合式教学被看作是纯面授教学与纯在线教学之间的过渡阶段，是二者基于信息技术的简单结合，而技术应用的多少成为关键划分标准。

（二）技术整合阶段

2007年以后，混合式教学的定义逐渐清晰。

1. 物理维度

学者们尝试清晰界定在线与面授的比例，把混合式教学与纯面授、纯在线教学分离开来。混合式教学是一种独立的教学模式，而不是一种过渡性教学模式。斯隆联盟对混合式教学明确只有30%~79%的教学内容采用在线教学的才能称为混合式教学。进一步明确混合式教学为纳入考核部分的教学内容中，25%以上采用在线教学。

2. 教学维度

学者们更多地从教学策略、教学方法的角度界定和关注混合式教学，关注在线与面授相结合的混合式学习环境下的教学设计。这个阶段混合式教学概念重点关注"交互"，关注混合式学习环境给交互带来的变化，以及相应的教学设计改变。

混合学习描述了一种新的学习方式，它实现了学生与学生、学生与教师、学生与资源之间面对面（现场）交互与在线交互的结合。

混合式教学是"教学模式的根本变革与再设计"，混合式教学的三个特征：由以教师为中心转向以学生为中心；增强了学生与学生、学生与教师、学生与内容、学生与外部资源之间的交互；采用形成性评价与总结性评价相结合的评价机制。

（三）"互联网+"阶段

随着互联网与移动技术的迅猛发展，特别是"互联网+"时代的到来，2013年以后，混合式教学的概念也有了新发展。

1. 物理维度

移动技术的应用被正式纳入混合式教学的概念中。混合式教学的概念由在线教学与面授教学的混合，正式演变为基于移动通信设备、网络学习环境与课堂讨论相结合的教学情境。

2. 教学维度

混合式教学是一种新的"学习体验"。对混合式教学的理解在经历了技术视角、教师视角后，落到了学生视角，开始关注混合式学习带给学生的改变，对学生学习的支持上。混合式教学不是简单的技术混合，而是为学生创造一种真正高度参与性的、个性化的学习体验。混合式教学概念强调"以学生为中心"。所谓混合，不仅仅是面对面教学与在线教学的混合，更是在"以学生为中心"的学习环境下教学与辅导方式的混合。

过去几十年，混合式教学概念演变的三个阶段，是对混合式教学物理特性的关注逐渐弱化，而对其教学特性逐渐强化的过程。

二、混合式教学的理论基础

学习理论是教学设计的理论基础。在实施混合式教学设计时，需要根据不同的具体情况加以选用。学习理论自20世纪50年代以来，历经行为主义、认知主义和建构主义等不同发展阶段。

从哲学的角度来看，行为主义和认知主义所持的立场是客观主义的。客观主义强调世界是由客观事物及特征和客观事物之间的关系所组成。人们对客观事物及其之间关系的共同认识构成知识。知识可以通过教学的方式迁移到每个人的大脑之中。教学的目的就是以最有效的方式向学习者传授和迁移知识。所不同的是，认知主义学习理论更加强调学生的认知主体作用，强调教学既要重视外部刺激（条件）与外在的反应（行为），又要重视内部心理过程的作用，即学习的发生要同时依赖外部条件和内部条件。教学就是要通过安排适当的外部条件来影响和促进学习者的内部心理过程。

基于行为主义学习理论的教学优势在于目标明确，外在的刺激和灌输可以系统地讲述知识，易于形成自动化和机械化的操作，便于教师控制和组织教学等。而它的劣势在于学习的主体始终处于被动接受状态，积极性和主动性难以发挥，严重压抑了学习主体的创造性；当外在刺激条件与学生知识结构与准备状态不符时，知识传输的效率低下；等等。基于认知主义的教学优势在于能够在教学过程中考虑学生的认知心理，在内容的组织和选择上可以更好地符合学生的原有认知结构，教学效率较高。在统一的教学目标的要求下，学生可以达到基本统一的知识结构，便于管理和评测。学生的积极和主动性得到了一定的发挥等等。其弱势在于统一的教学目标未必符合每个人自己的最佳发展形势。统一的学习方式未必是每个人最佳的学习途径。另外，对于高级技能、复杂知识、解决问题的能力培养、创造力的培养等，基于认知主义学习理论的教学显得有点力不从心。

行为主义和认知主义的学习理论都强调知识的传授和迁移，也就是

"教"。基本内容是研究如何帮助教师把课备好、教好，而很少考虑学生"如何学"的问题。共同的优点是有利于教师主导作用的发挥，有利于按照教学目标的要求来组织教学，不足之处是在按照这种理论设计的教学系统中学生的主动性、积极性往往受到一定的限制，难以充分体现学生的认知主体作用。

建构主义学习理论是站在哲学立场的认知，把个体看作重要的存在，个体的认知过程与学习效果是因人而异的，因此教学的过程并不是一个统一的过程。建构主义学习理论的提出是以学生为中心，不再以控制学生为主要教学方式，而是强调设计促进知识建构的学习环境，来让学生获得知识。学生转被动为主动，由被动的学习、接受知识的灌输变成主动地去探索和求知；教师由知识的传授者、灌输者变成学生学习路上的帮助者和促进者。教师不再以上位者的身份出现，而是环绕在学习者的周围，与学生共同进退，携手与共。建构主义学习理论强调建立一个相对平等，区别于传统教学模式的学习环境，这就意味着教师应该摒弃过去的老旧思想，不再以自己为中心，避免把学生当作知识灌输对象，把学生看作学习路上的攀登者，帮助他爬过一个又一个高山，不断进步。

建构主义学习将学生的主观能动性发挥到最大，致力于让学生自我控制学习的过程，找到学习的目标，清楚自我的实力，借助教师的助力进行真实问题的解决，习得技能。这一过程有利于学生理解书本中的复杂知识，形成自我认知，是锻炼学生积极性、创造力和主动性的良好途径。但这也有一些劣势，学习过程中没有统一的标准，对于学习过程的评价较难，又因为是学生自主学习，所以对学生的自我控制能力、学习的积极性有较高要求。

综观整个学习理论的发展，是个继承优质内容、摒弃不好的东西、不断完善和优化的过程。行为主义强调的是外显的行为，重视客观的因素；认知主义强调认知结构，比外显行为更进一层；而建构主义强调学生本人的能动性，需要自我构建，在前面的基础上又进一层。无论哪一种学习理论，都有其优秀的一面也有局限的一面，也并不是所有学习环境都有统一的学习模式，不同的学习群体可以根据不同的学习内容进行选择。总之，学习环境不断丰富，学习者的能力在不断提升，学习任务复杂化，基于此，学习理论也在不断改进。学习本身就不是一个简单的过程，所以学习理论也不可能被简化，学习理论简化的说法是不应该存在的，或者说是一种错误的观点。最好的学习方式就是根据不同的学习阶段，不同的学习环境，选择不同的学习理论。各种理论之间并不是相互排斥的，而是相互补充与进步的，所以可以将它们有效融合，综合运用。

三、混合式教学的研究现状分析

（一）国外混合式教学的研究现状分析

国外教育者对混合式教学课堂进行观察与研究，并对学生反应也进行了访谈，学生分为了两派，积极响应派和反对派。积极响应派的学生喜欢混合式教学所营造的自由宽松的环境，大大减轻了他们的学习压力，也锻炼了他们的自主能力，可以独立掌握学习节奏，不再被统一的进度所限，可以充分发挥自身的技能。而反对派则是习惯于高度结构化的教室教学，根据指定的学习目标一步一步稳扎稳打的一类学生，他们喜欢的是已有的结构框架，不喜欢选择和自主，面对自主往往会丢掉自己的学习节奏，而混合式教学的推行让他们感到不安。

美国教育部曾肯定过混合式教学模式，认为混合式教学模式面向的学生群体更广，教师可以有所选择，照顾到大部分学生，而单一的教学模式效果肯定会大打折扣。学校在面对混合式教学时，应该结合自身的实际情况，做出最适合自己的选择。学校可以选择问自己以下几个问题做参考。

（1）学校实行混合式教学是为了什么，与当前社会、学校、教育所追求商务价值体系是否相符？

（2）教师和学生能否驾驭得了混合式教学这种模式，能否培养合适的技能和能力，教学效率是否能得到提升？

（3）结合学校实际，本校适合何种混合式教学模式，与其他混合式教学模式相比，有何不同之处？

（4）这种混合式教学需要的经济和技术支持，本校能满足吗？

相信学校在问询过自己这些问题之后能得到自己的答案，再进行相关学习模式的推广时，障碍会大大减少。混合式教学模式已经在美国得到认可并大力施行，这将是一场教育界的重大变革。

（二）国内混合式教学的研究现状分析

混合式教学模式是近些年来新兴的词汇，这也意味着在国内，它还属于教育学领域的理论前沿，虽然研究不是很丰富，但也取得了一定的进展。在第七届全国多媒体技术学术会议上，曹晓敏、王朴、吴涛几人在《多媒体教室的混合式教学模式及其通讯机制的分析与实现》一文中分析了传统教学模式的优缺点，并在此基础上提出了新的名词——混合式教学模式，这是混合式教学的开端。混合式教学模式在不脱离传统的教学模式前提下，结合多媒体教学，充分发挥学生的自主学习能力，大大增强课堂学习效果，是一种最新提出的完善教学模式的机制。

祝智庭、何克抗、李克东等人从学习方式、学习环境、学习能力等不同的角度对混合式学习内涵进行了界定。但"混合"一词本身的含义就比较宽泛，因此对于"混合式教学"的争议也没有定论，从什么是混合，如何混合和混合到什么程度等几方面进行发散思维，每个人心目中可能都有一个答案，所以"混合式教学"也是多样性的。混合式教学是面授教学和计算机技术辅助的网络教学相融合的教学形式，面授教学是传统的师生教学模式，网络教学模式是在网络盛行后新兴的教学模式，任何单一的模式都有其弊端。当将两种模式混合，教师和学生根据学习环境、学习人群的不同做出取舍，就能制定出最适宜的混合式教学。

《基于耗散结构理论的混合学习的特征分析和策略研究》的作者陈妮从系统耗散理论的角度对于混合式教学做出了自己的阐释，这是一次新的进步。她还提出了混合式教学的开放性、远离平衡态、非线性机制有涨有落等特征，并基于此提出了切实可行、有针对性的建议。

余胜泉、路秋丽、陈声健三位学者也发表了关于混合式教学的新论文，并在其中阐述了支撑混合式教学的理念以及它的环境组成，介绍了开展网络环境下混合式教学的模式与方法。他们把混合式教学分成建构性学习环境设计、课堂教学、在线教学和发展性教学评价等四个主要环节，然后又在这四个环节下进行了细分。对于学习环境的建构主要进行混合式教学的网络教学平台的选择、网络课程的设计与开发、课程资源的收集整理、教学活动的选择与设计、网络教学环境的设置等几个部分；对于课堂教学的实施主要包括课堂培训、教学计划说明学习动机激发、内容讲解、课堂讨论、协作解题与课堂评价等；课后的在线教学方面包括多媒体在线教学、在线智能答疑、在线讨论与交流、在线教学评价、基于项目的网际协作学习、在线个别辅导；发展性教学评价方面提出了档案袋评价、考试测评。混合式教学从此开始了详细的划分，雏形也开始显现。

马国刚、熊文、张清学从不同的维度对混合式教学进行分析，进一步完善了它的发展，并结合实践结果，成功演示出了实施混合式教学对学校教学的影响。

詹秀菊、刘秀峰提出了支持服务体系，优化了混合式教学模式，给更多的学习者带来了便利，提高了教学质量。

第二节 混合式教学模式的设计

一、网络教学与线下教学的区别

网络教学和线下教学都是由老师引领制定的课堂教学，所以无论是在线上还是线下，都需要具备课堂的四个基本要素：教学目标、教学资源、教学组织形式和教学评价。

将两者的教学目标做对比发现，网络教学与线下教学的总目标是一致的，都是全方面培养学生综合应用英语的能力，让学生可以学以致用，可以用英语进行交流，而不是仅仅停留在书面上，培养其听、说、读、写、译等全方位的能力。

教学资源方面，两者有明显的差异。网络教学的资源非常丰富，可以说只要有网，随时随地都可以调出一大批资源，比如各种不同的慕课、各种线上平台内容、教材的电子版、网上有的各类音频、视频、文字材料等。线上的资源丰富，且不受时空限制，但它受限于网络，没有网络，所有资源也都不复存在。线下教学主要依赖于教材，资源比较单一，没有更多的拓展，需要固定的时间地点，所以容易受到限制，不能给予学生自由时间支配。

在教学组织形式方面，网络教学与线下教学有最大的不同。线下教学是由教师来整体把控的教学，教师具有很强的存在感和确定感，学生的反应、学习的效果，教师在现场能得到即时的反馈，可以及时对教学进行调整，主动配合学生进度。学生在这样的大环境中，也能受到约束，融合进大家的节奏，不会随便被其他事物打扰，会有统一进退的归属感。但这样的教学节奏会受到限制，教师需要照顾大部分学生进度，难免会忽略掉一些学生。教师的状态好坏与课堂教学息息相关，对教师要求比较严格；学生的学习进度是统一的，不能根据个人情况进行调整，这种标准化的教学限制了学生的自主性、选择性和创造性。线上教学师生不同堂，教师对现场的把控比较受限，教师的教学会有很大的不确定性，课堂教学效果反馈会有延迟，不能及时调整教学进度。学生会比较自由散漫，容易受到影响，缺少约束性，没有群体的学习氛围感，对于学生自我控制力要求较高。但这种教学不受时空限制，给予学生最大得自由度，学生可以根据自己的学习进度调整快慢，充分锻炼学生的自主性。

教学评价与教学资源和组织形式相关，两者的差异也导致了教学评价方式的不同。线下教学评价对结果比较看重，后期的一纸试卷为主要考核结果，在考核过程中教师承担主要工作，对成绩进行统计分析，还要对学生学习效果做出评价。而网络教学评价，过程性考核的比例明显增加，加上学生的线上学习时间、课堂出勤、单元线上测试等的考核，不再只看重最后的考试，对于结果分析也进行了优化，可以用网络代替教师部分工作，减轻教师负担。

二、混合式教学模式的具体设计过程

（一）线上教学资源的合理利用

混合式教学开展的重要前提是线上资源的开发，线上资源让传统课堂中的教材不再是单一的资源，扩充了课堂的内涵。混合式教学可以利用网络将教学内容提前展现在学生面前，让学生提前了解学习内容，在正式课堂开始前有一定的知识基础，在课堂中可以积极思考，保障教学质量。但海量的教学资源出现在眼前时，对于资源的选取和设计就显得尤为重要，因此教师要把好关，严格进行资源的挑选。

网络学习资源繁多，可以分为网络课件，网络课程，专题学习网站，案例库，题库，多媒体资源库等不同类型。不同的类型还可以进行层层分级，如题库可以自由选择题型、难易程度、使用次数等，除此之外，还可以设置平时练习的作业库，章节练习，知识点试卷库，其中的测试环节又可以设置成课前小测，单元小测，在线测试等。这些网络资源大大丰富了学习的途径，让学习过程不再沉闷单一。

不同类型的网络学习资源有不同的应用范围和功能，所以对于线上资源的选取应该有不同的标准。在进行选择时，结合课堂的内容，课堂适合的考核方式，课堂的开放程度以及方便程度、是否符合学习者本身等特点来综合进行考量。

网络学习资源的设计应考虑内容相关度、信息整合度、功能扩展性等多个层面，资源选取范围不应局限于教材知识，资源信息应适时体现多学科融合的特征，所选取的资源不仅要使学生开阔眼界、了解知识，还要促进学生自我素质的全面发展，培养学生终身学习的意识与能力。

（二）课前分析学生学习情况

课前知识调研是混合式教学设计的起点与基础，只有认真踏实地完成课前知识调研，了解并分析学生情况，才能做出合理精准的混合教学设计。

教师在进行课前知识调研时，应朝着两个方向努力：第一，调研课程与学科，明确本学科教学目标以及教材体系设置，明确教材各个知识点的重要程度，根据学科时代前沿发展步调以及最新研究成果，完善教学内容；第二，调研学生学习水平，学生的学习水平不仅包括其对知识的掌握与理解程度，而且包括学生的认知水平、学习经验、学习兴趣点等等，以便在此基础上更好地挖掘学生的学习潜力。

在对学生进行初步了解并制定大致教学方向后，教师应细化前期准备工作，借助融媒体平台多维度搜集学习资源，资源素材收集结束后应对知识内容分层、分阶段、划分类别。比如按照知识深度将资源划分为浅层知识、深层知识；按照知识运用时机可将学习资源用作课前导入知识、课中学习知识、课后巩固知识等；按照资源文件形式可将其划分为音视频资源、文本资源等。这样的细化分类工作有利于教师更快更好地掌握学生的学习情况从而提高教学效率，有利于为学生提供最为适宜的学习资源，促使学生能够由浅入深地学习新知识。

(三) 课堂教学聚焦问题

教师在课堂上，聚焦问题，为学生们解答疑惑，有利于促进学生的学习，混合式教学设计在此过程中发挥了巨大作用。教师在调研基础之上，整合各方学习资源，利用各种工具以及手段，总结归纳学生在学习准备阶段中遇到的问题，并以此为重要参照，设计教学课程与内容，将解答学生普遍存疑的知识点作为课堂讲解的重点环节，对于出现频率不高的问题，教师也不能放任不管，应采取空闲时间个别辅导的方式解决学生心中的困惑。

为使学生在旧知识中获取新知识，混合式教学设计有以下几点要求。

1. 培养学生的问题意识

好的教学设计可以通过问题设计引发学生对知识的好奇心，还能引发学生对知识的深入思考，教师可以通过有价值的积极设问吸引学生注意力、唤起学生的认知冲突、引导学生积极主动思考，这样一来，学生的自主学习能力也会得到一定程度的增强。此外，问题设置应循序渐进、由难到易，问题设置形式也应尽量多样化，避免学生对此环节产生厌倦心理。教师在设置问题的过程中扮演的是引导者的角色，所以，直接揭晓答案的方法不可取，学生不经思考就能得到的答案一般不对其产生浓厚兴趣以及深刻印象。

2. 采取多样化教学方式

教师在课堂教学中应尽量采用多样化的教学方式，比如创设情境、问题探究、任务驱动、小组合作、生生互动、师生互动、教师总结等，多途径多维度地设计教学课堂，将重难点巧妙衔接于教学设计中，使教学设计富有连贯性、系统性。其中，师生、生生之间的互动可以采取头脑风暴、随堂检测、随机提问、自由发言等形式。教师通过这些活动设计逐步引导学生深入理解知识并强化知识、建立知识体系、加强知识应用与实践能力，从而推动学生的知识内化过程，发展学生的高级思维能力。

（四）课后拓展

在课堂教学阶段后，教师可以根据平台教学反馈、平台教学报告等材料，结合学生对知识的掌握与理解情况，对课堂教学效果做一个简要分析，由此得出自己在前一课堂中的"亮点"以及教学设计不周之处。还应对学生的课上掌握情况进行细致的了解，按照学生的不同学习情况设置略有差异的课后拓展任务，使各个层次的学生都能实现一定程度的提升，由此完成学生的课后拓展。

（五）教学评价

在混合教学模式下，教学评价能使学生及时完成自我诊断与评价，学生与教师都能看到学生最感兴趣的知识点、存疑最多的知识点以及易被忽略的知识点等，也能使教师提高自己的教学水平。混合教学模式的教学评价是对教学效果全面的、整体性、细致化评估，这个评价结果能够更直观地反映出教学设计的合理性。

混合教学模式下的教学评价过程主要有以下两个特征。

第一，评价主体多元化。传统的教学评价模式仅依靠教师个人完成，学生对于教学设计以及教师的评价无从知晓，教师看待问题相对全面，因此教师对学生以及教学设计的评价客观性相对较高，但也存在一定的主观因素影响着教学评价过程，仅靠教师一人完成的教学评价具有一定的片面性。在混合式教学模式中，原有的单一评价模式被打破，教师评价、学生评价、助教评价实现了有机结合，评价主体多元化促使评价结论更具有客观性。

第二，评价角度将教学过程与结果相结合。传统的教学评价模式仅关注教学结果角度，得出的评价是一种总结性评价。总结性评价，又被称为后置性评价，它往往是在某一阶段教学活动完成后对教学整体效果做出的评价，能够从整体上把握活动的最终效果。这样的评价结论忽略教学过程，只关注教学效果，有果无因的总结性结论不利于教师优化教学设计。混合教学设计模式下，教学评价是形成性评价与总结性评价的结合，评价内容不仅包括对教学整体效果的评价，还包括对整个教学过程的评价。相较于总结性评价，形成性评价更富于变化，具有动态特征，它的形成能使教师及时了解学生的学习状况，便于教师及时调整教学设计。

第三节 英语混合式教学模式构建的意义与策略

一、英语混合式教学模式构建的意义

（一）激发学生自主学习的积极性

混合式英语教学具有极强的技术性、时代性特征，这种教学模式将传统的教学方法与现代科技相结合，将传统教学与互联网、移动端相连接，是社会经济与科技迅速发展的产物，通过运用新颖的教学手段激发学生的求知欲与好奇心，是现代教学手段与经典教学方法的碰撞、融合。

以慕课为例，传统教学方法同样重视学生的课前预习过程，但这个过程缺乏有效的量化标准，预习的效果往往相去甚远，而慕课也十分重视预习活动，平台称其阶段为"课前自学"，采用这一国际学习平台，学生可以自学新知识，更方便地搜集并使用与专业知识相关的资料，也可以跟平台学习者展开一番讨论，从而增强课前预习阶段的趣味性、丰富性。

混合式英语教学实现了"新旧融合"。混合式英语教学的形成是一个扬弃的过程，"新"指的是新的技术手段与英语学习形式，"旧"指的是经典的仍适应现代社会发展的英语教育理念与思路。新旧融合的教学模式使英语教学活动焕发新的生机，吸引了英语学习者的眼光，使教师与学生之间、学生与学生之间的互动加强，使学生主体作用得到充分发挥。

（二）培养学生英语应用能力

实践是检验认识真理性的唯一标准，一切理论终究要回归到实践中去。当前所应用教学模式是否具有先进性这一问题，可以凭借学生的英语实践与应用情况做一个大致的判断。其他条件不变的情况下，教学模式及其蕴含理念是先进的，在此模式下培养出的学生就能很好地满足当今社会实践对英语人才的需求；反之，当教学模式及其蕴含理念是落后的，在此模式下培养出的学生就不

能很好地适应社会实践对英语人才的需求。

在实际的混合式英语教学模式下，借助于先进技术，教学资源获得了极大丰富，教学课堂更加关注学生的需求，教师只提供一个大致的学习范围，学生可以根据自身需求选择适宜的学习资源与学习计划，教学过程体现出鲜明的个性化色彩。对于学生来说，学习的选择空间扩大了，学习自主性增强了，学习环境也变得更加宽松了。在实际的混合式英语教学模式下，学生学习的工具变得丰富多样，他们可以通过手机、电脑等先进工具自主寻找问题的答案，课后拓展内容的深度与广度完全由自己决定。可见，先进学习工具不仅能够提高学生的英语学习效率，还能强化学生的自主学习能力。

混合式英语教学模式广受学生喜爱，主要是因为该模式为学生充分证明自己的能力提供了一个机会，主要包括以下三个方面。

第一，混合式英语教学模式采用多样化的教学工具，多种媒体延伸了人体的各种感官，学生可以学习文本、视频、音频等多种形式的英语知识，使自己的听说读写能力得到前所未有的提升。

第二，学生在课前自学，搜集各种资料与信息，针对不懂的问题可以进行二次搜集、查证，这个过程不仅能提升学生的自主学习能力以及质疑能力，还能增强学生的问题意识。

第三，依托于网络技术的迅速发展，教师能为学生创设更为逼真的英语使用环境，学生可以利用丰富的网络资源参与到世界范围内的英语文化交流活动中去，学生的英语交际活动不再局限于课堂，英语的应用与实践更加贴合实际情况，这样一来，学生的英语应用能力又会进一步提升。

(三) 实现学生个性发展

在混合式英语教学模式中，因材施教是必须坚持的教学原则。因材施教原则就是，教师应该为学习能力不一的学生制定不同的学习计划与小目标，针对不同学生的学习特点与需求指导学生学习。因材施教原则有利于学生充分张扬个性，让每个学生都成为教学活动中独一无二的存在，促进学生的全面、个性发展。混合式教学模式充分考虑到了学生的个性化需求，同一班级的学生，其学习起点、学习基础、专业方向都是存在差异的，很混合式教学模式为学生提供了自主选择的机会，也为教师提供了因材施教的有效途径，线上学习资源的大量出现使教与学都获得了一定程度的发展。

(四) 加强师生互动与交流

"亲其师信其道"是孔子的教育思想观点之一，意思是只要学生在亲近、尊敬教师的时候才愿意相信并主动接受教师所传授的知识。这种教育观念在当今社会仍然具有合理性，专业素质更高的教师更易受到学生的喜爱，师生之间建立融洽的师生关系有利于高校英语教学活动的开展，有利于加强师生互动从而使教师进一步完善自己的教学方式。混合式英语教学模式加强了师生之间的互动交流，改善了以往高校英语教学中师生关系不那么紧密的问题，这样的互动交流加深了师生之间的情谊，师生之间距离拉近能够有效地激发学生学习的热情与兴趣。混合式英语教学模式利用互联网这一媒介，加强了师生之间的互动与交流，比如学生出于喜爱心理为教师制作的表情包，又比如教师开设视频网站账号分享生活向学生展示课堂以外的自己。

（五）提升教师专业素养

混合式英语教学模式最大的特点就是教学与信息、互联网等相结合，有些人就错误地以为在线教育平台取代了教师的地位，其实不然。相反地，在线教育进一步提升了教师的专业素养、强化了教师的专业素质。首先，互联网在线教育的蓬勃发展，要求教师必须具备自主学习、终身学习的能力，掌握基本的互联网知识，教师在这个过程中丰富了自己的科技素养。其次，互联网在线教育包括在线教学、系统平台建设与维护、学习资源获取与整合等多个方面，仅靠教师一人是无法完成的，这就要求教师团队内部加强沟通与合作、交换信息，提升团队协作的素养。最重要的是，英语教师应具备过硬的专业课素养，面对网络世界繁杂的学习资源，教师必须能够对其进行判断、筛选、组合，这就要求教师进一步提升自己的英语文化知识素养，这样才能更透彻地为学生指点迷津、解答疑惑。

总之，混合式英语教学模式顺应了当今社会信息化、网络化的必然趋势，推动了高校英语教学与互联网之间的深度融合，网络环境也将英语教学的活动范围扩大至全世界，改革英语教学模式有利于在世界英语教学竞争中获得优势，有利于培养国际化英语人才。

二、英语混合式教学模式构建的策略

（一）更新教学手段

为构建混合式英语教学模式，教师应及时更新教学手段。更新教学手段能够有效突破传统英语教学课堂的时空局限，利用互联网延伸教学的时间与空间。线上学习平台就是一个不错的选择，在平台上教师能够提前录制教学视频、充分搜集学习资源；学生选择任意时间观看视频，然后集中讨论并予以教学反馈，这种平台运行模式不仅放松了教师与学生的时间限制，而且也在一定程度上减轻了教师授课、学生学习的任务负担。平台英语教学能够充分利用网络资源，使学生对知识的理解更透彻，也使教师能够根据学生的学习情况以及评价反馈及时改进教学计划。

教师采用混合式英语教学模式，通过线上教学平台更新教学手段，能够使线下课程知识点讲解更具有针对性，还能够实现教学任务分配的合理性、有效性。在英语教学中，学生的英语实践与应用能力至关重要，但很显然，教师在课上向同学逐个教授读音是不现实的，利用线上教学平台，发布听与读任务，能够节约线下课堂时间从而为学生提供更多实践机会，有效提升学生的英语口语表达能力。

（二）营造良好的教学氛围

为构建混合式英语教学模式，教师应为学生营造良好的教学氛围。营造良好的教学氛围，有利于加强并巩固学生的教学主体地位，激发学生参与英语教学活动的积极性。为营造良好的教学氛围，教师可以从以下几个方面入手。

第一，教师在课堂提问环节选取一些更具开放性的问题，帮助学生摆脱固化的学习思维习惯从而使其跳出思维"舒适圈"，鼓励小组之间、同学个体之间交流讨论，实现所设置问题的价值最大化；第二，教师在英语教学过程中应合理运用多媒体技术，可以通过播放英文影片、欣赏英文歌曲等方式，帮助学生练习英语发音并使其熟悉英语原本的语言使用习惯，另外，选择具有教育意义的英文影片还能够向学生宣传正确的价值观念，促进学生综合素质的提高；第三，教师应利用互联网技术为学生创设生动有趣的英语学习情境，活跃课堂气氛的同时还能加深学生对知识点的理解与记忆，比如在学习有关中国春节的文章时，教师可以提前布置课前任务，让学生描述家乡的春节景象，并让学生以视频、图片等形式展示家乡春节的不同习俗。在这个过程中，教师可以指定某一句式，让学生将这个句式运用到课前任务中去，这样一来，学生的英语口语表达能力、写作应用能力、英语交际能力等都能得到一定的提升。

（三）提高学生学习兴趣

为构建混合式英语教学模式，教师应提高学生对英语的学习兴趣，并且教师还应注意培养学生对英语的长久兴趣。长久兴趣的培养有利于增强学生学习英语的内在动力，这种内在动力能够推动学生持续学习英语、主动了解英语知识。为提高学生对英语的学习兴趣，教师应从以下几个方面采取措施。

第一，教师应通过多种途径收集资料，运用榜样人物实例来向学生阐述英语学习的必要性以及重要价值。学习英语不仅关系到学生个人的全面发展进程，而且一个优秀的英语学习者在将来也会成为一位优秀的英语人才，英语人才不仅能够借助英语实现自身的个人价值，而且还能通过从事相关职业、促进国际交往与合作等方式实现社会价值。

第二，教师应严格遵循实事求是原则，根据不同学生的学习能力与水平，制定因材施教的教学计划，尊重学生个人差异，以积极鼓励的教学态度面向全体学生。现如今，社会大众追求个性，强调个体的与众不同，这种社会心理也体现在学生身上，学生在教学活动中是渴望得到教师的关注与认可的，教师针对不同学生制定的不同教学计划会使学生觉得自己是独特一无二的，从而激发学生学习英语的热情与兴趣。除此之外，教师还可以开展调研活动，询问学生最感兴趣的与英文相关的文艺作品类型或者具体作品，分析不同学生的喜好并在以后的教学活动中加入作品的相关元素。

第三，教师应定期开展有关英语的才艺展示活动，不限制学生的表演形式，每次由教师划定一个主题范围，学生可通过英文朗诵、英语歌曲演唱、英语情景剧等多种形式参与进来，并由教师设置评分与奖励制度，通过班级内共同投票的形式决定表演优胜者，并对优秀的才艺表演者予以奖励。这样一来，学生对英语的学习兴趣就会得到大幅提升，在学习过程中也会变被动为主动，教师由此培养学生对英语的长久学习兴趣。

（四）转变教学理念

为构建混合式英语教学模式，教师应及时转变教学理念。经济与科技的迅速发展使社会进入新媒体时代，社会观念由于媒体的迅速发展正在逐渐更新换代，教学领域的需求导向变强，教学过程中越来越重视学生的意见与意愿，教师也不再是以前那个绝对的课堂掌控者，学生受教师引导与帮助参与到教学活动中来，是教学活动的主体。教师应通过各种媒体手段以及教学方式调整，主动提升自己的教学技术水平，了解各个教学平台的运行机制与具体操作要求，寻找可靠的教学资源获取平台，与时俱进，实现教学相长，做好学生的引路人。

（五）加强师生互动

为构建混合式英语教学模式，教师应进一步加强师生之间的互动，建立"交互式学习"模式。交互式学习重视两个层面的交互，一是学生与知识之间的交互，二是学生与教师之间的交互。

交互式学习强调学生不能拘泥于书本的文字知识，在英语学习过程中，学生应锻炼自己的听、说、读、写能力，教师应结合线上平台与线下课堂两个阵地，给学生布置英语听读任务，锻炼学生的英语口语表达能力。同时，交互式学习强调加强师生之间的互动，线下教学活动本身就是面对面的讲课活动，具有鲜明的交互性特征；线上教学活动的开展也应加强教师与学生之间的互动，对于学生完成的线上任务，教师应及时审核、批改，对学生产生的问题集中分析，并在线下课堂上讲解相关知识点。

第四节　混合式教学在英语教学中的典型应用

一、混合式教学在英语听说教学中的典型应用

（一）教学环节

1. 课前准备

课前准备工作能够促使学生尽快与投入新课程的学习，这个环节不要求学生对接下来的课程掌握得多么全面、多么透彻，其主要目的在于帮助学生掌握新课程的整体框架。教师课前任务的布置应遵循英语课程整体教学目标，遵循实事求是原则，根据班级内绝大多数学生的学习水平和新课重点知识内容设计问题。

教师在课前准备环节应进行充分的学情分析，了解当前学生已有的知识经验，观察学生的兴趣和偏好，尊重学生的学习习惯，顺应班级学风，将"以学生为中心"的教学理念贯彻全程。

教师在课前准备环节应进行充分的教材分析，了解教材的整体框架结构，分析教材中章节知识点的重要性，将重难点理解透彻并针对重难点设计循序渐进的教学方案，对于教材中略写的知识内容要加以资料补充。

此外，教师应该准备能够吸引学生注意力的课前导入材料，运用视频、音频等文件形式，通过多媒体工具展示在学生面前，激发学生的学习兴趣。还可以布置与本课内容相关的写作任务，鼓励学生将自己的想法分享给大家，借此机会锻炼学生的写作及口语表达能力。

2. 课堂教学

混合式教学涵盖的教学手段较多，一般可分为线上教学和线下教学。线上教学活动有许多不同的教学手段，比如教师可以在网络平台开设直播课程或者录播课程，使学生在家都可以学到英语课程。教师在进行线上教学活动的时候，应该要思考如何让学生都积极参与课堂中，如何及时反馈学生的问题以及如何设置线上课程的时间等等问题。英语课程中，一个单元一般授课课时是4节课，第一节课可以实行线上教学，由教师带领学生学习重要知识，比如重点单词及其遣词造句等知识。在这节课上，学生需要自己主动建立英语知识框架，提前将线上课程中遇到的困难标注出，方便在线下课程中向教师请教问题。在线上教学的时候，教师会采用学校设立的教学管理系统，检查学生完成作业的情况，从而掌握学生最近的学习状况和对知识的理解情况。教师不仅可以通过线上教学传授知识，还可以按照学生认知能力和思维水平设置网络平台中的英语特制课程。线上课程的时间一般会设置在线下课程之前，方便前期学生提前整理问题，后期在线下课程中查缺补漏。线下教学中，教师与学生之间的交流互动会更多，教师负责导入课程主题、讲授知识，引导学生进行讨论和课堂练习等活动。在线下课程中，学生仍然是学习的主体，教师起到的主要作用是指引作用。在导入和讨论时，学生要按照教师在课前的要求进行预习，还要展示自己的预习成果，请教师和自己一块评价预习效果。教师授课的时候，不仅要耐心为学生讲解他们线上课程积攒的难题，清除学生学习上的疑惑，而且还要补充之前线上课程没有讲到的知识。学生进行英语练习的时候，应当做好教师布置的习题，巩固并学会运用自己在课堂上学到的知识。教师可以根据学生完成习题的情况，对学生的知识掌握情况进行评价。在评价时可以及时纠正学生的错误，使学生对错题印象深刻，促使学生学习进步。线下课程教学是英语课堂教学的一个重要部分，这就要求教师必须及时按照学生掌握知识的水平调整教学内容和节奏。教师和学生进行交流，能够帮助学生增强学习动力，促进学业水平的提升。

3. 课后复习

课后复习属于课堂教学后续的学习环节，能够帮助学生记住并学会合理运用课堂上学到的知识，还能够锻炼学生学会独立学习。人类的记忆会随着时间的流逝而变淡。学生要想巩固关于英语知识的记忆，就需要不断重复记忆知识点。学生上完每一节英语课程后，都应该及时整理英语笔记，汇总学到的英语知识。平时，对于线上课程，学生也可以利用课下时间重新再跟着视频学几遍，查漏补缺，巩固知识。学生在重新学习线上课程的时候，可以浏览网络中各种英语课程，根据自己薄弱的方面挑选课程，重点学习不懂的知识。在进行线下课程学习时，学生可以面对面地与教师进行交流，向教师请教，可以得到相关问题及时的答复。在自主学习的时候，学生不仅可以牢记英语知识，而且还可以提高英语学科的能力水平。除此之外，教师布置课后习题也属于课后复习。混合式教学应用了网络技术手段，方便教师在网络教学系统中布置课后作业和习题，也方便教师随时查看学生完成作业的情况，掌握学生最近的学习动态。

（二）考核评价

教师按照科学的考核手段和评价指标，对学生学习英语课程的情况进行评价就是考核评价。按照科学的英语教学过程，混合式教学模式中的英语听说教学需要从学生掌握知识的状况和知识的框架形成过程等角度考核和评价学生的学习能力。学校将重点考核学生预习的成果、迟到旷课次数、课堂参与的积极性、课后习题完成情况以及线上线下试题分数。评价的人不只有教师，还有学生。教师需要考核和评价自己的学生，学生也要对其他同学和自己的学习情况进行评价，这种做法不仅可以增加学生学习的积极性，而且还彰显了现代教育中学生是主体的理念。学校不仅需要通过学生线上和线下试卷题目完成情况来考核评价学生的学习，还需要评估学生自主建立英语知识框架的能力，从多方面考察学生的学习能力和成果。英语听说课程的主要目的是培养学生学会在实际生活中应用英语与人流利地进行交流，只看学生最后的英语考试成绩来判断学生总体的学习情况是片面的、不科学的，所以还要结合学生在一个阶段中的所有表现来综合评判学生的学习情况。学校对学生的考核评价应当综合考察学生的线上学习情况、线下学习情况以及二者相结合的学习情况。教师应当通过学校的教学网络系统查看学生旷课情况、习题出错率、学习时间和学习的知识面来考核评价学生的线上学习情况。当考核学生线下学习情况时，需要教师综合评价学生在课堂上的表现，还需要学生之间进行评价，使最后的评价更加综合、全面、科学。考察线上与线下教学结合的模式中学生的学习情况，应当综合考核线上线下学习情况，不仅要单独评价二者，还要在二者结合的总体上评价。

二、混合式教学在英语阅读教学中的典型应用

（一）混合式教学在英语阅读教学中出现的问题

1. 阅读教材的难易程度相差过大

目前，教师选择的阅读教材多数为进教材和参考书，如果学生阅读进口教

材和参考书需要具备较高的英语水平和英语词汇的掌握，对还在学习阶段的学生来说，进口教材阅读难度过大，进而无法有效进行英语阅读学习和理解。另外，教师选取的进口阅读材料大多数都存在没有提供背景知识介绍，没有介绍背景的情况下，学生很难理解进口阅读材料中的英语讲解内容，而有些阅读教材中的单词和词汇的注解，虽然转化成中文解释，但中文注释没有深入解释词汇或单词的含义，导致学生对英文阅读材料中的词汇难以理解。

2. 学生英语阅读量少，英语水平低

根据调查显示，目前我国学生的英语阅读情况显示出持续下降趋势。教师对于学生英语阅读不够重视，学生的阅读量较少，而课外阅读时间也较少。绝大多数学生的英语阅读时间，局限于一周一次的课外英语阅读，由于课外英语阅读时间较少，导致学生的英语水平普遍偏低。同时，学生在进行英语阅读时，缺乏阅读方法和阅读技巧，对相关的英语阅读知识也比较缺乏。而在英语阅读时间的限制下，教师采用的阅读教学方式是"填鸭式"教学，教师在一定时间范围内既要讲解词汇含义，又要补充英语知识点，还要学生在学习相关知识后进行一定程度的阅读练习，教师的讲解占据了大部分阅读时间，导致阅读时间不充足，学生也无法通过英语阅读提高自身的英语水平。

（二）混合式教学在英语阅读教学中的实施路径

1. 课前英语阅读教学阶段

教师在进行英语阅读教学前，要结合学生的学习水平选择适合学生的英语阅读教材，制定具有针对性的教学内容，并结合学生的英语阅读实际情况，帮助学生制定出能提高学生自主阅读能力的目标。首先，教师可以通过互联网下载优质的电子英语阅读资源，因互联网阅读资源非常丰富，教师也可以根据每个学生的英语阅读能力为他们选择适合的英语阅读教材，进而达到提高每个学生的英语阅读水平。同时，教师也可将下载适合课前阅读的英语资源，在教学开始前教师先让学生自主进行电子阅读，而教师尽量选择具有趣味性的英语阅读教材，以此激发学生的阅读兴趣。如此，在课前进行英语阅读时学生才能带着兴趣去阅读，潜移默化的提高学生英语阅读能力。其次，教师应积极创新阅读模式。教师可以在课前英语阅读进行领读，让学生在跟读时了解英语的阅读技巧和语法，课前增加英语阅读时间，有利于提高学生的英语阅读能力。

2. 课中英语阅读教学阶段

混合式教学融入英语阅读教学中，可以有效提高学生的英语阅读水平和英语语言组织能力。教师在应用混合式教学时可以采用线上课堂提问环节，而线上课堂提问有效促进了师生之间的互动。教师把英语阅读环节设置相应的英语阅读问题，让学生在英语阅读内容中探求答案，在以英文形式回答线上教师提出的阅读问题。这种混合式教学模式，不仅能培养学生的思维能力，在回答问题时还能培养学生的英语语言组织能力，对学生掌握英语词汇量具有一定的促进效果。在英语教学课堂中，教师可以有效利用多媒体教学平台，教师通过指定空间上传适合课堂中的英语阅读材料，让学生自由选择适合自己或感兴趣的英语阅读材料，进而达到阅读效果。学生在阅读时如果遇到难以理解的语句语法，教师可以在线上对学生进行指导，也可在线下教学学生英语语句语法。这种阅读模式可以有效提高学生对阅读内容的理解，从而提升学生的英语阅读水平。

3. 课后英语阅读教学阶段

在课后进行英语阅读教学，能有效加深学生对英语阅读内容的理解。首先，教师可以通过混合教学模式补充相应的课后英语阅读内容，也可选择内容较广的阅读教材，而阅读教材的选择要根据学生的阅读能力进行选择。选择适合学生的阅读教材，对拓宽学生的学习视野有一定的促进作用，进一步加深学生对英语阅读内容的理解和掌握程度。课后英语阅读教学阶段，可以充分培养学生的阅读能力，能有效培养学生英语语言组织能力和英语水平，课后阅读环节的增加对养成学生良好的阅读习惯起到一定的效果。

三、混合式教学在英语写作教学中的典型应用

（一）准备环节

在准备英语写作的时候，要先提前构思好写作的主题和主要结构。教师需要传授给学生英语写作的技巧和手法，耐心教导学生学会写作。英语教师应当在课前收集各方面的英语写作信息，以供学生参考学习，使学生能够了解写作目标和英语写作的大致格式和技巧。教师还可以在课上引导学生进行写作讨论，使学生能够使用教师传授的知识并能够充分理解英语写作的格式和内容，学会自己写出写作结构和主题。

要想在线下英语课程中教会学生写作知识，势必会花费大量的时间成本和精力，使教学进度变慢。教师无法在线下课程中讲完英语写作所有的知识点，也无法保证学生有时间进行写作实践，这就导致学生学不到全面的写作知识。

选取混合式教学模式进行写作教学，需要教师充分准备好课前工作。教师应当提前收集好讲课材料，精心制作课件，并将课件上传至网络教学系统中和班级课堂中。教师要充分了解自己的学生需要哪方面的知识，了解学生心理，

引导学生进行思想讨论，并在此基础上传授写作知识。教师在线上课程中可以随时查看学生出现的问题，及时纠正学生错误的想法，帮助学生构建正确的写作框架。

混合式的教学模式拓展了教学的场地和时间，使教师和学生都可以选择适合的时间和地点传授和学习知识。线上教学结合线下教学，能够增加师生之间互动讨论的频率，还能够增加学生学习英语的积极性。

（二）具体应用环节

1. 英语教师对写作的题材和模式予以明确

英语教师应当尽心教授学生写作知识，要先选定适合学生写作的主题和形式，教授写作技巧，耐心指导，增加学生学习英语写作的自信心。学生学会了英语写作的程序和技巧后，就能自己进行写作了。

教师要细心看待学生的写作内容，站在学生的角度看待全文，理解学生作文的主题和使用的写作技巧，为学生之后的英语写作提出合理的指导意见。

2. 英语教师对学生提出问题

教师选取混合式教学法教授学生写作知识，指的是在课前充分了解自己班的学生的写作习惯和思路，根据学生对英语写作的认知制作课件，教授学生需要的知识，并针对学生的弱点提出问题。教师有针对性地提出问题能够起到指导作用，使学生根据问题探究英语写作知识。在线下课程中，学生可以直接向教师请教问题，从而使自己的问题得到及时的解答和纠正。相对于线上课程，线下课程能够使学生的专注力变得更强，并且学生不懂的问题也能随时得到教师的解答。

教师可以引进一些网络热门词汇等新颖的英语知识融入写作教学中，这样可以拓宽学生的写作思路，使学生写出的作文更加生动形象，还能提高写作水平。

混合式教学模式中的写作教学，将传统的教学方式变得更加丰富，将课堂氛围变得更加和谐。教师针对学生学习情况调整教学内容，会使学生学习时更加具有积极性，更热爱学习英语知识。

（三）修改环节

1. 混合式教学模式的应用中要采用修改方式

修改是英语写作的重要步骤。教师需要引领学生自己写作，然后引导学生互相查看，改正错误。教师发现学生作文里的错误要及时指出，督促学生更正。学生在修改的时候，不仅能够认识到自己的错误，还能够提升自己英语写作的水平。

2. 混合式教学模式的应用中要做好互评工作

混合式教学模式中的修改步骤需要用到互联网技术。教师需要使用网络平台，将自己对学生的评价发出，使学生及时获取评价，根据教师的批语改正自己的错误。学生还可以对自己的作文进行评价，上传到教学系统，之后，教师在学生自主评价基础上再次修改。这样可以使学生学会自查自纠。

（四）反馈阶段

1. 对英语写作的格式和用词予以完善

英语写作也能达到语言交流的目的。读者读了文章后会理解作者的思想。读者还应当指出文章中的错误，使作者明白自己错在哪，之后该如何完善自己的写作。作者如果可以虚心接受批评，就能够少犯错误，提高自己写作的水平。

2. 英语写作中要建立共享文件

混合式教学模式中的反馈环节要求教师将各个教学阶段的信息上传至数据库。数据库可供教师选取合适的教材，也可供学生上网学习。

教师进行英语写作结果性评价时，应当掌握每个学生的写作情况和习惯，根据学生的情况传授知识，纠正学生的错误，对学生提出有利于其写作发展的建议，帮助学生增加写作积极性，使学生的写作能力水平得到提高。

参考文献

[1] 郑立，姜桂桂. 慕课与高校英语学习方式研究［M］. 成都：西南交通大学出版社，2017.

[2] 汤海丽. 高校英语信息化教学改革与微课教学模式探究［M］. 北京：冶金工业出版社，2018.

[3] 张喜华，郭平建，谢职安，等. 信息化背景下大学英语教学改革研究［M］. 北京：北京交通大学出版社，2017.

[4] 杨雪静. 高校英语教学模式创新研究［M］. 长春：吉林人民出版社，2019.

[5] 刘媛. 新时代高校英语教学研究［M］. 北京：北京工业大学出版社，2019.

[6] 杨阳著. 英语理论与英语教学［M］. 成都：电子科技大学出版社，2017.

[7] 唐俊红著. 互联网+英语教学［M］. 北京：新华出版社，2018.

[8] 贺华著. 英语理论与英语教学研究［M］. 成都：电子科技大学出版社，2017.

[9] 何冰，汪涛著. 翻转课堂与英语教学［M］. 长春：吉林人民出版社，2019.

[10] 干诚. 新时代背景下大学英语教学面临的机遇与挑战［J］. 校园英语，2017（46）．

[11] 李伊. 新时期大学英语教学面临的机遇与挑战分析［J］. 经济与社会发展研究，2020（7）．

[12] 罗基萍. 浅谈微课英语教学［J］. 情感读本，2016（5）. 86-87．

[13] 魏玉娟. 微课在英语教学中的应用［J］. 知识窗，2021（24）．

[14] 李玉春，杨晓霞. 微课在英语教学中的作用和策略［J］. 学周刊，2020（2）．

[15] 孔桂婵. 微课时代的英语教学探究［J］. 新教育时代电子杂志（教师

版），2018（30）.

[16] 倪会琴. 慕课与英语创新教学改革［J］. 长江丛刊，2019（30）.

[17] 赵丹丹，赵海龙，罗宇新."慕课"在英语教学的应用效果分析［J］. 现代职业教育，2018（28）.

[18] 马慧莲. 试论慕课大学英语教学设计的基本原则和思路［J］. 科技风，2020（24）.

[19] 李娜. 微博与英语教学［J］. 边疆经济与文化，2013（7）.

[20] 谭文信. 基于新浪微博谈微博的英语教学策略研究［J］. 中国科教创新导刊，2013（7）.

[21] 高纯娟. 建构主义学习理论视角下微博英语教学新模式［J］. 大学英语教学与研究，2014（2）.

[22] 邹俊平. 微博在英语教学中的应用研究［J］. 赤子（上中旬），2015（22）.

[23] 蒋伟."微博"在英语教学中的指导尝试［J］. 科教文汇，2011（10）.

[24] 郎琳. 基于微信的英语教学程序探索［J］. 中外企业家，2019（4）.

[25] 张鸿翼. 基于信息时代下的微信与英语教学研究［J］. 校园英语，2019（41）.

[26] 于萍萍，刘洪志. 基于微信英语教学模式构建与教学效果研究［J］. 校园英语，2018（38）.

[27] 于萍萍，刘洪志. 基于微信的英语教学模式与实践研究［J］. 中国农村教育，2019（26）.

[28] 章肖. 基于微信的英语翻转课堂教学实践研究［J］. 中国多媒体与网络教学学报（电子版），2020（17）.

[29] 钟华. 微信辅助英语教学的发展研究［J］. 学园，2018（21）.

[30] 孔敏素. 微信在英语教学中的意义及应用［J］. 教育现代化，2019（7）.

[31] 董雪冉. QQ 在英语教学中的应用［J］. 校园英语，2019（30）.

[32] 邓洁. 基于 QQ 网络平台的英语写作教学［J］. 校园英语，2018（12）.

[33] 韩丛华. 巧用 QQ 优化英语教学［J］. 青少年日记（教育教学研究），2016（10）.

[34] 王莉. 大学英语生态教学模式的建构策略［J］. 环境工程，2022（1）.

[35] 陶涛. 大学英语生态教学模式建构策略分析［J］. 文存阅刊，2020（46）.

[36] 王新. 浅谈新型大学英语生态教学模式的构建［J］. 校园英语，2019（35）.

[37] 李贝贝. 英语生态教学模式研究［J］. 文存阅刊，2018（23）.

[38] 石景秀. 信息技术下大学英语生态教学模式探究［J］. 信息周刊，2018（11）.

[39] 丁丹. 英语翻转课堂教学模式探究［J］. 校园英语，2021（26）.

[40] 李丽娟. 基于翻转课堂的英语教学应用研究［J］. 校园英语，2018（33）.

[41] 王楠. 基于翻转课堂的英语教学信息化建设研究［J］. 教育信息化论坛，2021（8）.

[42] 马小林. 基于翻转课堂的英语教学改革探索［J］. 中国校外教育，2015（13）.

[43] 袁丽婷. 基于翻转课堂的英语教学模式思考［J］. 成才之路，2017（34）.

[44] 王小金. 大学英语混合式教学创新研究［J］. 现代英语杂志，2020（15）.

[45] 袁波. 英语阅读教学中翻转课堂教学模式的构建与实践研究［J］. 海外英语，2021（12）.

[46] 陈俊杰，陈燕琴. 翻转课堂在大学英语写作教学中的应用［J］. 英语广场，2020（10）.

[47] 逯阳. 基于翻转课堂的大学英语口语教学模式研究［J］. 黑龙江教育（高教研究与评估），2019（1）.

[48] 刘健，张炼. 基于翻转课堂的大学英语听力教学实证研究［J］. 海外英语，2017（5）.

[49] 薛超. "翻转课堂"模式在高校英语听力教学中的应用［J］. 海外英语，2016（21）.

[50] 王春侠. 翻转课堂在大学英语写作教学中的应用［J］. 长春师范大学学报，2014（9）.

[51] 蔡宁. 英语口语教学中翻转课堂模式的探索［J］. 淮阴师范学院学报（自然科学版），2014（2）.

[52] 王继红，邹玉梅，李桂莲. 基于翻转课堂理论的英语教学改革与实践［M］. 北京：中国原子能出版社，2019.

[53] 王勇. 翻转课堂的理论与实践——基于应用型本科人才培养的探索［M］. 杭州：浙江大学出版社，2016.

[54] 常裕博. 混合式教学在大学英语阅读教学中的应用［J］. 卷宗，2021（19）.

[55] 杜学鑫. 英语专业混合式学习模式研究与实践［M］. 南京：东南大学出版社，2018.

[56] 冷玉芬. 大学英语混合式教学模式的研究与实践［J］. 延边教育学院学报，2021（3）.

[57] 刘银燕，熊圳. 线上线下混合式教学模式在大学英语写作中的应用［J］. 海外英语，2020（20）.

[58] 马菊芳. 混合式教学模式在大学英语读写教学中的应用［J］. 山西青年，2022（5）.

[59] 宁雅南. 微时代背景下外语教学整合研究［M］. 北京：光明日报出版社，2017.

[60] 彭上观. 混合式教育实习模式的理论与实践［M］. 广州：广东高等教育出版社，2020.

[61] 乔修娟. "互联网+"背景下大学英语混合式教学模式及策略［J］. 课程教育研究，2020（18）.

[62] 冉新义. 混合式学习的理论与应用研究［M］. 厦门：厦门大学出版社，2018.

[63] 王斌. 混合式教学模式在英语写作过程教学法中的应用对策［J］. 现代交际，2018（19）.

[64] 王锐. 大学英语混合式教学模式的构建探索［J］. 海外英语，2018（15）.

[65] 魏洁. "互联网+"背景下大学英语混合式教学模式的构建策略［J］. 海外英语，2021（10）.

[66] 臧劲松. 混合式教学模式的设计与实践探索［J］. 计算机时代，2020（7）.

[67] 邹燕，冯婷莉，赵一凡. 混合式教学模式的设计与实践研究［J］. 中国高等教育，2020（1）.